电视节目形态三元结构论

● 刘宝林 著

中国传媒大学 出版社
·北京·

目 录

第一章 绪 论 /1
第一节 节目形态三元结构论的提出 /1
第二节 研究特色 /6
第三节 研究成果 /11

第二章 电视节目形态结构理论体系 /14
第一节 电视节目形态的概念及其发展 /14
第二节 作为电视节目本体的节目形态 /29
第三节 电视节目形态研究的理论体系 /39

第三章 电视节目形态的系统及结构分析方法 /46
第一节 电视节目的四个系统 /46
第二节 电视节目的生产系统 /51
第三节 电视节目形态结构分析 /67

第四章 电视人元素及其对节目形态的影响 /72
第一节 电视人的概念 /72
第二节 主持人类型及其节目形态 /79
第三节 现场观众嘉宾——概念及其节目形态 /84

第五章 技术元素及其对节目形态的影响 /104
第一节 电视技术是节目生产的重要元素 /104
第二节 技术对节目形态的影响 /110
第三节 数字电视技术及其对节目形态的影响 /119

第六章 现场事件元素及其对节目形态的影响 /123
第一节 现场事件的概念 /124
第二节 现场事件对节目形态的影响 /131

第七章 三元论在节目评价中的应用 /138
第一节 节目评价概念及现状 /138
第二节 三元论在节目评价中的应用 /143

第八章 传统电视节目形态的解释 /162
第一节 自然现场事件类节目形态 /162
第二节 设计现场事件类节目形态 /179

后 记 /190

第一章 绪 论

第一节 节目形态三元结构论的提出

一、问题的提出及由来

1. 提出的问题

《现代汉语词典》对"问题"一词的解释包括三个方面:一是要求回答或解释的题目;二是需要研究讨论并加以解释的矛盾、疑难;三是关键、重要之点。理论的价值在于提出问题并找到解决问题的思路,节目形态三元结构论也不例外。对照"问题"的界定标准,节目形态三元结构论对于所研究的问题,在这三个方面具体表现是:

- 提出要回答和解释的题目主要有:

如何从电视节目的内部元素来定义节目形态?

为什么说节目形态是电视节目的本体问题?

在特定的话语体系下,全部电视节目形态的"蓝图"是什么?

- 需要研究讨论并加以解释的矛盾、疑难主要有:

连续报道、系列报道是否属于节目形态?

现场观众是观众还是电视人?

- 关键、重要之点主要有:

节目形态创新的关键是什么?

把以上几点概括起来,本书所提出的最重要问题是,如何构建一个完整的电视节目研究体系,并在这个体系内部,用系统内的自身元素来准确把握这个作为电视节目本体存在的节目形态?

2. 问题的由来

(1) 现实的呼唤

第一,基于节目生产实践中形态的重要性。

观众每天在荧屏上看到的是节目内容,但最让电视人困惑的难题不是节目内容而是节目形态,节目形态是电视节目的本体问题。一档栏目的核心是选择什么样的节目形态,研究节目实际上主要就是研究节目形态。节目形态一旦确定,一档栏目就基本上确定了。在电视节目生产实践中,电视人用什么样的节目形态表现所传播的内容,即如何创造一档好的节目形态,至少与选择什么样的内容一样重要。

从创作和制作的角度看,节目形态决定着"节目生成方式的差异"[①]。从电视节目的栏目化传播角度看,它决定着一档栏目的定位设计,因为"一档栏目的定位设计大致可以分为三个方面:目标定位、形态定位和内容定位"[②],准确鲜明的形态定位在一档栏目的构建中扮演着三分天下有其一的重要角色。

第二,基于不断创新的节目形态对传统观念的冲击。

截至2005年,全国上星电视频道已达59个,经我国政府批准可以进入三星级和涉外区的境外卫星电视频道达到31个[③]。电视节目的竞争有内容竞争,如新闻节目,时效性、真实性是内容比拼的重点。正如中央人民广播电台《中国之声》频率的一档栏目宗旨:第一时间 when、第一现场 where、第一人物 who、第一真相 what、第一评论 why、新闻从原点出发。还有一档栏目宗旨是每秒300米是声音的速度,每天24小时是新闻的速度,无时效无新闻。这也从一个侧面反映了新闻节目内容竞争的激烈。

电视节目的竞争还涉及形态创新,相比于新闻节目,在娱乐节目中形态创新往往是制胜法宝。这些年,电视事业发展很快,创新层出不穷,节目淘汰速度快,荧屏上近乎使人眼花缭乱的新节目形态,一方面给人们带来的是对传统的节目形态概念理解的冲击,另一方面也是对理论研究者的挑战,实践提出了一些新问题,需要人们去研究、回应,需要人们不断总结实践经验和全面提升理论水平,把节目形态的研究推向前进。

---

① 金越:《从创作和制作的角度看电视节目分类》,《中国电视》2015年第1期。
② 孙玉胜:《十年——从改变语态开始》,生活·读书·新知三联书店2004年版,第221页。
③ 张海潮:《眼球为王》,华夏出版社2005年版,第150页。

科技的发展历史表明,只有社会的需求才是最根本的发展动力,正如恩格斯所说:"社会一旦有技术上的需要,则这种需要就会比十所大学更能把科学推向前进。整个流体静力学是由于十六和十七世纪调节意大利山洪的需要而产生的。关于电,只是在发现它能应用于技术上以后,我们才知道一些合理的东西。"① 现实繁荣的节目现象一方面需要人们去研究,用新的更科学的理论去适应、去解释;另一方面也需要人们抛弃旧的、落后的、不适应的,甚至那些错误的观念,用新的更科学的理论去推动电视节目发展。

第三,基于节目克隆现象泛滥的思考。

当今,繁荣的节目形态背后隐藏着一个不良现象,那就是国内电视节目相互克隆跟风,同质同构化现象颇为严重。一档好的、时尚的节目形态一出现,全国各地的电视台蜂拥而上,铺天盖地进行模仿克隆,有的甚至连对方节目的名称都不变,照搬照抄。

尽管在模仿克隆的过程中,特别是对许多西方优秀的节目形态的克隆中,有些节目让观众大开眼界,推动了我国电视节目的发展,但更多的节目却是在同一个层面,甚至只是在低层面上的克隆,这种现象负面影响很大,它严重阻碍了我国电视节目的可持续发展,削弱了电视人的敬业精神和道德水准,挫伤了那些辛辛苦苦进行节目形态创新的电视人和电视台的积极性,污染了公平竞争、积极向上的电视节目产业生态环境。

我国电视事业起步晚,在发展初期,借鉴、学习甚至直接模仿、克隆国外先进的节目形态是一条捷径。但是发展到今天,大量的克隆现象已经阻碍了电视节目产业的良性循环,到了必须采取措施予以纠偏的时候了。但这也从另一个角度提示人们,节目形态既然可以复制、克隆也就说明它是有规律可循的,只有认真研究电视节目形态的本质规律,掌握并运用这些规律,才能变被动为主动,变茫然为自觉,从而走向创新电视节目形态的自由王国。

(2)理论背景

第一,基于节目形态概念的基础地位。

在此,把节目形态作为研究中心,是因为在电视理论探讨中,"节目形态"是一个最基本概念,如同商品、货币是经济学里的"元"概念一样,具有基础性地

---

① 《马克思恩格斯选集》(第四卷),人民出版社1972年版,第505页。

位。每档电视节目均存在于一个相应的形态之中,都有一档节目形态与其对应。没有无形态的节目,也没有在形态之外的节目。

第二,节目形态的电视本体地位。

电视的价值就在于真实地把社会现实表现出来。如何表现社会,采用什么样的节目形态去反映是电视所特有的基本属性,这也决定了节目形态具有电视节目的本体地位,对它的研究几乎可以理解的是对电视本质的研究。因此,电视节目研究的本质就是,寻找那种在电视节目生产中的操作程序,发现节目生产中决定节目形态那些可以复制和反复运用的元素。

节目形态三元结构论旨在研究电视人、技术、现场事件三个基本元素影响节目形态的规律,这也是对电视节目的本质探讨。

第三,引领实践的需求。

理论研究的最终目的是要引领实践发展。与一些传统学科比较,电视学科建立的时间短,理论研究基础比较薄弱;而且电视理论与电视实践相比,许多方面表现出理论落后于实践。节目形态的理论认识、理论研究明显滞后于相对繁荣的节目市场,主要表现在:理论研究相对被动,学者跟在业界后面亦步亦趋,即做总结的现象很多,学术研究中解释性的文章多,具有指导性、引领性的思想比较缺乏;具体现象的经验分析多,概括性的理论认识少。电视理论缺少指引电视实践未来发展方向的力量,缺少相应的理论思想来总领现实中五花八门的感性观念,缺少独特的理论体系及理论自身的演绎规律所蕴含的前瞻力量,来担当指导和引领实践的重任。

第四,节目形态的认识和理解呈现杂乱无章的局面。

纵观各种学科,它不仅建立起基本概念,而且在其基础上衍生出一系列范畴,形成一个以基本概念为中心的相互联系的知识体系。一个基本概念要对应一个概念体系,离开概念体系,离开其所属的概念、原理系统,任何概念都是没有意义的。现在关于节目形态的理论就看不到这一特征,杂乱无章的认识表现在以下三个方面:

第一,一些研究成果仅仅是零散的思想火花。许多概念、理论成果各自独立存在,成果之间没有联系,几乎都是各自为政的"闪闪红星"。当前电视节目形态及相关概念非常混乱,缺乏准确的规范和公认的理解,经常出现同一个概念在不同地方名称不一,或者根本不是一回事却采用同一个概念,这也就造成电视理论研究中的诸多混乱。

第二，节目形态及相关概念原理解释现象、指导解决问题的能力弱/不足，或者说把理论应用到实践的工作做得不够。

第三，研究者所概括的节目形态定义与其派生的一系列概念不能形成一个有机整体。

节目形态三元结构论旨在对节目形态概念重新整合，形成统一的、规范的认识，建立一个以节目形态的基本概念为中心，以电视人、技术、现场事件为逻辑出发点的电视节目形态系统。

二、关于节目形态三元结构论的解释

节目形态三元结构论是建立在以下几项研究成果基础上的理论体系。

第一，节目形态独创性的定义奠定了这个理论体系的基础，电视节目形态的重要性在学术论著中高频率出现，但人们仅仅把它当作日常生活用语一样凭着各自的感觉和理解使用，从未认真思考它的准确定义。经常出现在同一篇文章中，多处使用"节目形态"，但各自的内涵却不同；或同样的内涵，有时使用"节目形态"，有时使用的是其他术语，造成节目形态概念理解模糊与使用混乱的现象。

当前电视节目形态理论混乱，最重要的一个原因就是关于节目形态精髓与实质的基本出发点未被确定。有的观点、理论即使有研究的逻辑起点，但不能构建一个概念、理论间相互连接、不断递进、相互补充、和谐融洽、相互支撑的理论体系，不能从本质上真正把握节目形态的理论体系。

第二，论证了节目形态是电视节目的本体，通过论证节目形态是电视节目的本源、本身和本质，得出节目形态具有电视节目的本体属性，明确了电视节目研究的重心。指出节目形态的研究将会使电视学的学科独立性、科学性显现，会使新闻理论的专业性、复杂性凸显。

第三，"三元"的概念指电视节目生产系统里的三个基本元素：电视人、技术、现场事件。

第四，"结构"的概念指电视节目生产系统的内部结构，在此通过深入电视节目生产系统的内部结构，从本质上把握节目形态，或者说，在此，对于节目形态的研究是建立在对节目生产系统结构认识、分析、探索基础上的。由此看出，节目形态三元结构论中所说的结构，是节目生产系统的结构，而不是节目的结构。

综上所述，节目形态三元结构论是以具有独创性的节目形态概念为中心，以电视节目三个基本元素为逻辑起点，构建起的关于电视节目形态理论体系的学术研究成果。

第二节 研究特色

一、高度的概括性

在此首先概括出节目形态概念，并以节目形态概念为中心，概括出许多概念及原理。如结构点、结构变量、现场事件等概念，如节目形态稳定性与结构变量确定性关系原理，现场观众是电视人范畴等。其中最重要的概念是"现场事件"，是指所有可以经过电视技术处理变成以电视节目形态表现的客观存在。它是一个与节目形态体系相适应的概念，既可以是一个事件的现场，也可以是非事件性的现场。它是指确定的主体在一定时空的生存状况或发展、变化过程。这里的主体可以是人、动物、植物，也可以是自然现象，如风、雨、雷、电。这个过程是主体与其他事物的相互关系及其发展、变化。它既可以是和谐统一的，也可以是矛盾冲突的。但这个现场事件必须是在一个确定的时间、确定的空间里发生，使电视人可以通过电视技术纪录、所指、表达的存在、环境及其发生和发展过程。

在此根据现场事件的不同性质分为：客观现场事件、节目形态现场事件、观念形态的现场事件（观众观念形态现场事件、电视人观念形态现场事件）。

现场事件这一概念的概括性体现在它既可以表示新闻消息报道的对象，也可以指文艺晚会、谈话现场、自然风光等通过电视技术记录、编辑、播放的对象。

二、严密的逻辑性

随着时间的流逝,人们对事物的认识会越来越远离出发点,而许多时候,在一些问题上,人们会忘却自己的根本目标,而迷惘于琐碎的细枝末节。今天,电视的实践和理论在发展的道路上,似乎走得很遥远,遥远到了许多方面人们正在失去或已经丧失了把握事物本质和本原的能力。

就节目形态分类的研究成果来看,可谓形形色色、五花八门,根据节目内容、节目来源、选题范围、观众是否参与、是否有主持人、传播区域的不同、内容是否虚构等,出现诸多因为分类标准不同而不同的节目形态。但这些分类标准并非都是从电视节目的本体出发,并非都是从电视节目的整体系统出发。面对种种因为划分标准不同而呈现出的节目形态,究竟哪一种分类方法是根本的、决定性的呢?哪一种分类才符合电视节目本体的划分?众多的分类方法,虽然难以评价他们的对错,但可以判定它们的重要性并非平等和并列,应该有一种分类方法是根本的、决定性的,应该有一种分类是从电视节目本体进行划分的。我们确定节目形态,就是寻找这个分类方法,通过寻找这个分类方法,达到发现整合节目形态的存在蓝图。

为了尽可能把握节目形态的发展原貌和它自身的、内部的本质存在,在此采取把研究的视点移回到事物的出发点,回到理论的逻辑起点的方法。这种思维方法,即从节目形态的源头上进行思考。这个出发点,或叫逻辑起点的确定,应本着这样的原则:它不仅是现实问题的起点,同时也是理论研究的逻辑起点。为此,把电视节目生产作为电视节目形态研究的逻辑出发点。

在电视节目生产系统中,我们运用结构分析的方法把电视节目的生产要素概括为:电视人、技术、现场事件三个元素,通过研究节目生产系统的三元素不同层次的不同组合,从而找寻电视节目形态的生成和变化规律。

本书的撰写自始至终坚持概念、原理、体系的逻辑性。从概念上讲,书中主要概念基本上形成一个逻辑链条,即按照概念发展的思路形成纵向逻辑方向,按照事物整体与部分关系形成横向逻辑关系。下面是三条主要逻辑线路:

第一条线路:生产系统→新闻生产→新闻节目三元素(电视人、技术、现场事件)→任意节目的三元素(电视人、技术、现场事件)→电视人元素决定的形态

→技术元素决定的形态→现场事件元素决定的形态。

这是一条沿着纵向逻辑方向发展的线路:在生产系统研究,选择最典型的新闻节目生产为切入点,总结出新闻节目生产的三元素,然后推广到任意节目的三元素。在确定了三元素是节目形态的决定因素后,分别对电视人元素决定的形态进行深入分析,再对技术元素决定的形态进行分析,最后对现场事件元素决定的形态进行分析。这个逻辑既是该课题思考的方向,也是本书各章节布局的结构。

第二条线路:客观现场事件→电视节目形态现场事件→观众理解的观念形态现场事件。

这条逻辑线路可以这样来理解:客观现场事件是那种可以被电视人介入并记录的现场事件。现实客观的事件首先要被电视人理解、选择,然后经过电视技术处理,转化为节目形态的现场事件,这个节目形态的现场事件用一种可以移动、复制的物质所承载并传播给观众,达到让观众通过观看节目形态的事件来认识现实客观现场事件的意义和价值。

第三条线路:是两个按照事物整体与部分关系形成横向逻辑关系:

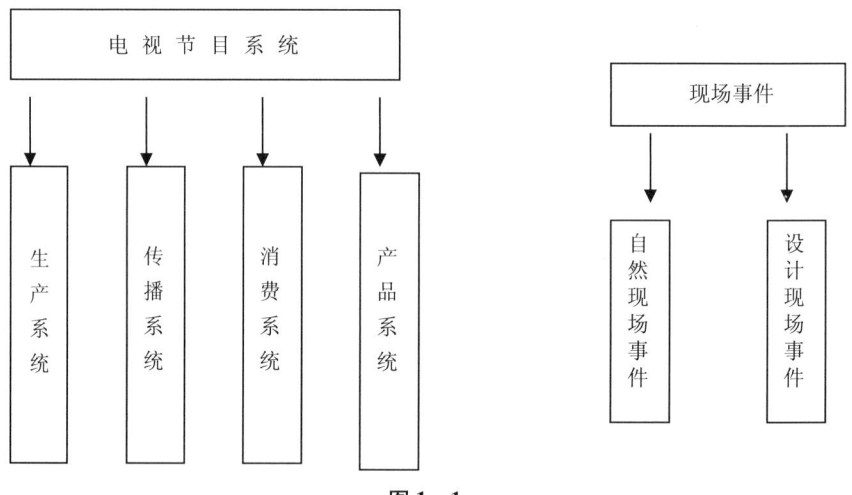

图1-1

三、相互联系的整体性

从问题研究到体系研究,凸显节目形态三元结构论研究的整体性。

本书研究整体上构成一个自我完备系统。主要概念是相互联系的,没有孤立的概念,不仅对每个概念、问题进行研究,而且对相关概念之间的联系进行系统层面的分析探索。每一个概念都是为了说明某个现象、解决某个问题而建立的:如三元素电视人、技术、现场事件,它们就是生产系统中联系非常紧密、缺一不可的主要元素,缺少任何一个元素都不可能完成节目的生产。同样,三元素的建立就是为了解决这样的问题:分析电视节目的结构,缺少任何一个元素都不能研究节目形态的变化。

同时,将原理建立在概念的基础上,将问题的解答建立在本书所定义的概念、总结的原理基础上,全书形成一个概念、原理、问题求解全部在构建的系统里共存的完善封闭、自成体系的关于节目形态的理想空间。

所谓问题研究是指科学研究从提出问题到解决问题,形成一种一问一答、就事论事的思维方式。

所谓体系研究是指确定一个系统,不仅对每个概念进行研究,而且在概念的联系中发现规律、在整体的联系中发现问题。体系研究不满足于"一草一木"的探索,而注重"森林"系统的整体性追问,封闭的自圆其说的系统是追求的目标。

本书沿着问题研究寻找到了节目形态创新的办法,即三元素的创新及三元素组合的创新。同时,它不是满足并停滞这个问题的解决,而是向着节目形态作为独立的学科,对节目形态进行整体研究。

四、研究的基本框架

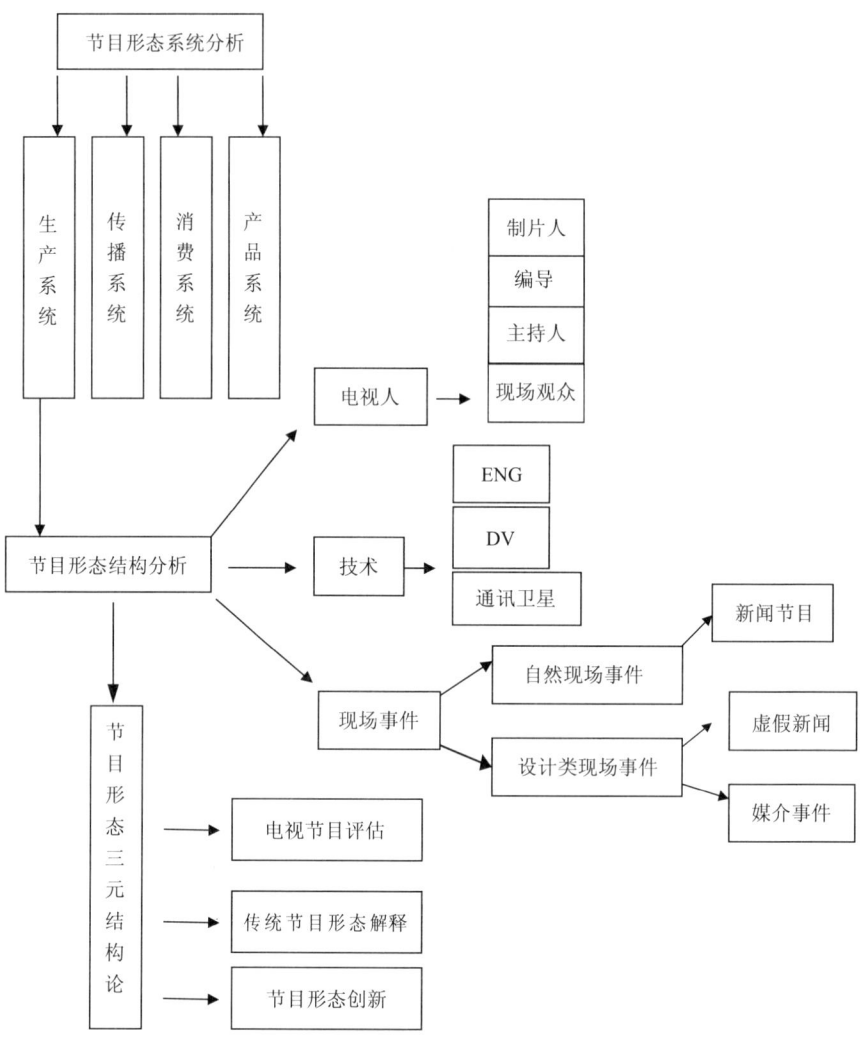

图 1-2

第三节 研究成果

一、独创性概念

本书进行严格界定具有原创性的概念：电视人、电视技术、现场事件、自然现场事件、设计现场事件、结构变量、节目形态等。

二、概括的原理

在基本概念的基础上，本书总结并概括出一些节目形态变化规律：

1. 结构变量的确定性越大，节目形态的稳定性就越强。
2. 一档节目形态中结构变量的数量越少，节目形态的稳定性越大；反之，结构变量的数量越多，节目形态的稳定性越小。
3. 节目形态的周期性发展规律。
4. 现场观众属于电视人范畴。
5. 系列报道、连续报道不属于节目形态范畴。

三、建立体系

本书建构了一个较为完善的关于电视节目形态的理论体系。

1. 基本概念

任何一种理论的构建都是由基本概念、创新观点、严密框架所组成。基本概念是一个理论体系的逻辑起点，它决定着这个体系的性质。在对基本概念的诠释中，在构建概念间的关系过程中，形成了种种观点，同时也构成了理论体系。

本书建立的电视节目形态概念具有学科理论的特性，它的构建决定了电视节目形态的相关理论体系的构建基础。

2. 逻辑起点与逻辑关系

节目形态理论体系的建立,不仅要考虑节目形态的历史沿袭,还要关照现实存在的各种节目形态;不仅要考虑电视人对节目形态的约定和业界所形成的惯例,还要关照社会的法律道德与价值标准。这些原则是逻辑关系的先决条件,但不能代替科学的、理论的、思维的逻辑原理,要成为一门学科,重要的是建立节目形态体系融洽、和谐、统一的逻辑关系。

本文的逻辑关系:按照系统分析方法,明确地把电视节目形态研究限定在节目生产系统,以节目生产中的三元素(电视人、技术、现场事件)为逻辑起点,以结构分析方法为工具,按照三元素千变万化的不同组合结构建立不同节目形态,并以此概念及相关理论来分析传统节目形态,解释节目形态创新和克隆的结构机制。通过这样一种动态的节目生成过程研究,力求从本质上、节目生产的内部结构上把握节目形态的产生和发展。

四、得出的结论与研究成果

1. 三元素及其组合作为电视节目形态的分类标准

电视节目形态各异,但按照节目内部结构来看不过就是它们三元素的不同,或者三元素的组合形式的不同。假设三元素中电视人用 A 表示,技术用 B 表示,现场事件用 C 表示,那么,所有的电视节目形态可能的类型(三元素及其组合的类型)就只有七个:A、B、C、AB、AC、BC、ABC。这样的一种结构分析法可以判断所有电视节目形态的归属,即任何一档电视节目其节目形态总归属于其中一类。换言之,这七大类电视节目形态展示了所有电视节目形态的整体蓝图。

2. 揭示了各类电视节目的分类标准差异的本质

表面看似相差甚远的电视节目,从其内部结构来看完全可以是同一节目形态。有了三元结构这个理论,便可以消除一些被认为是不同的节目形态的误解,从而把本质相同的节目形态放在一起,统一起来。这种结构分析方法消除了节目形态研究中运用多种方法造成的形态之间的相互隔离的孤立状态,突显出节目形态之间的统一性。

3. 揭示了节目形态变化发展规律

本书的研究不仅展示节目形态的存在状态、存在方式,而且进一步研究节目生成系统中三元素的不断演变过程及其可能发生的变异前景,以及节目形态的发展变化前景。三元素是不断发展变化的,它们随着社会的进步和人类认识的深入,特别是随着电视人对电视节目规律、观众收视规律的深入研究,电视节目形态也不断发展。电视节目形态的变化发展是永恒的,也是有规律的。对电视节目形态规律的把握是建立在三要素的发展变化和组合方式的规律上。因此,未来的电视节目形态发展是可知的,其规律是可以掌握的,人们是可以预测出未来电视节目形态发展趋势。

4. 为业界创造独具特色的电视节目形态提供理论指导

电视节目形态的不同不再是电视节目表面的单一化差异,而是节目内部结构的本质区别。了解了内部结构的异同,就了解了节目形态的异同。发现和创造独具特征的元素或调整出不同的组合就能创造个性的节目形态。

本理论在电视节目形态创新方面具有一定的应用价值。用电视节目形态的结构分析来看,节目克隆其本质就是节目形态结构的模仿。理论上讲,任何节目形态均可以从结构分析进行判断其是否克隆其他节目及其克隆的程度。我们可以从中寻找并发现抄袭者与被抄袭者的节目之间的结构元素的关系。反过来,节目克隆现象也说明节目创新的本质就是节目形态结构的创新,就是三元素的创新或三元素组合结构的创新。

5. 本书通过对节目形态研究的不断深入,还演绎出许多其他结论,如连续报道、系列报道不是节目形态,现场观众是电视人等具有创新性的结论。

第二章 电视节目形态结构理论体系

电视节目形态结构理论是深入电视节目生产运行内部,以电视人、技术、现场事件三个最基本概念作为研究的出发点,把所有电视节目形态之间不同的原因归结为三元素的不同或三元素的不同组合,并探求节目形态生成、变化、创新规律的理论。该理论希望通过研究三元素及其组合关系实现从电视节目自身内部认识和把握节目形态这一基本概念的目的。所以,电视节目形态结构理论既是一个知识体系,也是一种科学方法。

电视节目形态结构理论体系以三元素的基本概念为逻辑起点,建立节目形态的相关概念及概念之间的有机联系,通过基本概念的推演发现节目形态随三元素变化而变化的规律。众所周知,重要结论都来自体系中的概念、推理,凡是与体系内概念、理论不一致的、矛盾的观点,均可以视为不正确或另当别论,只有这样才能形成一个以节目形态为中心的相对封闭的自我融洽的理论系统。

第一节 电视节目形态的概念及其发展

一、电视节目形态相关概念

电视节目形态概念的产生和发展是逐渐从相关概念中演变过来的,即处于一个与许多相关概念纵横交错相互联系的状态中。人们对它的认识也经历了一个逐渐从模糊到清晰的不断进化过程。电视节目形态和电视节目、电视节目类型、电视栏目、节目版式等概念紧密联系,准确理解这些概念以及其与节目形态概念的联系,是深刻认识和理解节目形态概念不可缺少的一环。

1. 电视节目

电视节目，从广义上讲，是指电视播出的内容。由于考察的角度、侧重点不同，人们对电视节目的定义也有所不同，下面是几个具有代表性的定义：

"广播电视节目是人类利用电子技术手段获得信息、传播信息，满足生存、享受、发展需要，诉诸听觉、视觉的精神产品或时间形式。"①

"电视节目，是指电视台（或社会上的节目制作机构）为播出或交换而录制的表达某一完整内容的可供人们感知和理解的视听作品，这是与电视传播内容、形式相结合的基本单位。"②

一些人从不同角度定义节目概念，如突出电视人编辑角色的（电视节目是经过编排的可感知、可理解的视听材料），强调从传播角度出发的（电视节目是指电视传播内容的基本编排单位和播出顺序结构），明确节目物质形态的（"电视节目作为电视传播的物化形态，作为电视传播内容与形式相结合的基本单位，它是一种可以为人所感知和理解的电视视听制品"③）。

我们看到，这些关于电视节目定义的共性是从电视节目的主体、主体使用的技术手段及其产品特性三个方面进行规定的：

- 主体：电视台或社会上的节目制作机构；
- 手段：电子技术；
- 产品：视听作品、材料；物化形态；精神产品或时间形式；由语言、图像、音响等要素组成的电子符号系统。

这些定义还有一个共同特点就是强调作为"成品"的节目。如果将电视节目的存在分为四个系统：节目生产系统、节目传播系统、节目消费系统、节目产品系统（详细介绍见第三章电视节目形态系统分析），则可以说这些关于节目的定义是在节目产品系统里界定的。它们没有涉及或没有明确电视节目所反映的现实社会的现场事件的客观对象，尽管它们也提到节目内容，但都是指节目产品中观众看到的对象及影像表现，都是在节目产品系统内谈论节目，没有进入节目生产系统，即没有明确采访、记录、报道现实事件。

---

① 阎玉主编：《中国广播电视学》，中国广播电视出版社 1990 年版，第 92 页。
② 中国应用电视学编辑委员会、北京广播学院电视系学术委员会编：《中国应用电视学》，北京师范大学出版社 1993 年版，第 56 页。
③ 任金州主编：《电视策划新论》，中国广播电视出版社 2002 年版，第 55 页。

同一电视节目在不同的系统中，认识的角度不同，得出的结论就不同。在节目产品系统内认识节目，是一个对节目成品的静态观察，省略、忽视了电视节目生产中许多非常积极的、重要的、鲜活的因素。如果从生产系统的角度来定义电视节目，则可以参照电视新闻节目的定义："电视新闻是以现代电子技术为传播手段，以声音、画面为传播符号，对新近或正在发生的事实的报道。"①

本书对电视节目下的定义：以现代电子技术为传播手段，以声音、画面为传播符号，对新近或正在发生的现场事件的报道，它是电视人通过电视技术将一个现场事件加工处理变成一个电子符号系统的视听产品。

2. 电视栏目

栏目一词是从报纸的概念引进的，它指报刊中连续刊载的具有共同特性的稿件所组成的局部版面。当栏目概念被引进到电视后，电视栏目是指具有固定的节目名称，在一个固定时间、固定频道，以固定周期播出的定时间、定长度、定主题、定形态的节目生产单元，它是电视人在生产中组织、管理、运营的电视节目基本单位。

栏目是一个与电视节目形态具有密切关系的概念。本书认为，栏目的第一要素是具有同一节目形态的电视节目的集合。它不仅包括只有单一节目形态的节目组成的栏目，而且还包括几个不同形态的子栏目组成的复合栏目，子栏目就是通常所说的节目板块。

电视栏目之所以作为同一形态节目的集合而存在，是由电视节目的生产、销售特性所决定的。

从电视节目的生产看，电视人是以栏目为单位进行生产的。电视节目制片人制，指的是制片人在栏目内容、人员、财务诸方面负责，作为独立的核算单位。而在生产上，决定和规范一档节目是否属于该栏目的首要因素就是节目形态。节目形态是一档栏目的本质，是该栏目区别于其他栏目的特质。编导、主持人等节目生产者做完一期节目，还不知道自己下一期或以后几期到底是哪些内容，但他们知道节目形态是什么、知道找什么样的素材、知道按照什么方式去生产。

"一个栏目的定位设计大致可以分为三个方面：目标定位、形态定位和内容

---

① 杨伟光主编：《电视新闻分类与界定》，中国广播电视出版社1994年版，第3页。

定位。"①《东方时空》初创时,第二个板块,实际也就是后来的《焦点访谈》,其目标定位是社会新闻;内容定位是社会生活、观众关心的问题;形态定位是"使现场报道栏目化"②。

从电视节目的销售看,观众是以栏目为最基本单位收看的。观众熟悉一档栏目,主要是熟悉这档栏目的节目形态。一档栏目每天播出不同内容的节目,观众看过一期又一期,他们不知道下一期播出什么内容,但非常了解它以什么形态出现,播出什么结构的内容。所谓"忠实观众",指的就是那些稳定地收看某档栏目的人群。

节目形态在电视节目的生产过程中,起着一个统领、规范、界定的重要作用。所谓统领,指一档电视栏目里所有节目形态必须保持一致,明确的节目形态像一条红线贯穿于栏目;所谓规范,指对电视人在节目选题、采访、编辑制作中的引导、限定作用,节目形态决定节目的取舍、繁简、结构等;所谓界定,指对一档节目是否可以属于该栏目、能否在这个栏目里播出等起认定作用。

电视栏目的发展变化与电视人对电视节目形态的认识进程相联系。

电视节目的生产同物质产品生产一样,需要标准化生产,按照统一的标准进行规模、批量生产。这个统一的生产标准就是节目形态。随着对节目形态认识水平的不断提高,栏目的内容实质也会不断发生变化。电视台一开始是按照节目的内容进行标准化生产,如把关于农业的节目放在一起,把关于法律的节目放在一起,就形成农业栏目、法律栏目。后来,发现以内容统一栏目,问题、弊病不少,尽管内容一样,但形态不一样的节目是断然不能放在一档栏目里的。渐渐地,按照节目形态的标准划分栏目便成为主要方法,如按谈话节目、真人秀节目、直播节目设置不同的栏目。

节目形态对电视节目的销售作用巨大,它决定了电视人总是在一个相对固定的框架类型里生产,以满足应观众收视的欲望。因为观众总是在一定的期待、一定的爱好和对栏目一贯风格的认知基础上主动收看节目的,确定鲜明的节目形态可以使观众形成收视惯性,培养忠实的观众群。

栏目是一个类概念,它是由许多相同类型的节目组成的,这些节目的共同特性(包括共同的节目形态)规范、决定了一档栏目的存在。电视节目生产的历

---

① 孙玉胜:《十年——从改变语态开始》,生活·读书·新知三联书店 2004 年版,第 224 页。
② 同上,第 16 页。

史就是电视人认识这些共性特征的历史。电视人通过认识不同栏目的区别标准,在认识不同栏目之间相似与差异的过程中,不断推进着电视栏目的发展。

3. 电视节目类型与程式

类型指具有共同特征的事物形成的种类。类型(Genre)的概念首先被用于电影,指按风格、主题、意义及其衍生的一系列规则进行分类,观众能辨别特定类型的影片。后来关于电视节目的区分也引进了节目类型的概念。大卫·麦克奎恩认为电视节目的"类型的划分依据于不同节目所使用的特殊程式(convention),这些程式我们在经常接触之后就能够识别。程式是一些重复出现的元素,在重复中这些元素能够被观众所熟悉和预见。于是,这些元素在使用时就会和某一特定的节目类型联系在一起。"①大卫·麦克奎恩把这些重复出现的元素概括为"人物、情节、场景、服装和道具、音乐、灯光、主题、对话、视觉风格"②。

"在很多时候和很大程度上,电视节目类型和电视节目形态的概念是很接近甚至可以相互取代的。"③因为类型与形态都是按照重复出现的、具有稳定特征的元素来规定其概念的;二者的不同之处就在于元素的不同和对元素理解的差异。如果二者选取的元素一样,那么它们的结果就一样,这时它们就可以通用。

下面我们具体探讨一下大卫·麦克奎恩的程式与本书所说的节目形态的区别与联系。

《理解电视:电视节目类型的概念与变迁》一书中的程式所包括的元素:人物、情节、场景、服装和道具、音乐、灯光、主题、对话、视觉风格。如果把他提及的程式的元素与本书的节目形态结构元素相比较,则类型与节目形态之间的因素有些是一致的、相互包含的。按程式的元素看实际上只是三个类型:人物(包括主持人、嘉宾、现场事件中的人、服装、对话);场景(包括自然现场的场景、设计现场的场景、道具、灯光、音乐、情节);整体特征(主题与视觉风格)。

上面三个类型中没有包括节目形态三元素的"技术"元素,但增加了一个比

---

① 〔英〕大卫·麦克奎恩:《理解电视:电视节目类型的概念与变迁》,苗棣、赵长军、李黎丹译,华夏出版社2003年版,第22页。
② 同上。
③ 李立:《认识当代电视节目形态》,《新闻界》2006年第1期。

较模糊的元素"整体特征"。从电视节目形态结构理论的角度看,这里不含"技术"元素讨论的是节目类型,是在电视节目产品系统里研究问题;而包含"技术"元素讨论的是节目形态,是从节目生产系统出发研究问题的,这是区分两个概念的关键。

二、对电视节目形态认识的简略回顾

对电视节目形态的认识可以说从电视节目生产的第一天就开始了,经历了从开始的无知到初步有所了解,再到进一步理解,最后到达比较深刻理解这样一个过程,也就是说经历了从简单到复杂、从实践摸索到理论研究、从感性认识到理性认识的过程,而且是一个永无止境的不断深化的过程。对节目形态的认识也从一个侧面展示和预示着人们对电视整体的认识,我们通过这个过程也可以全面地了解我国电视事业的发展进程。

第一阶段:模糊的感性认识阶段

这一阶段,电视人对节目形态的认识处于朦胧的、粗浅的、直觉的、表象的感性状态。这种认识体现在实践层面上,就是前人按照节目内容不同来划分节目形态。

按照节目内容不同划分节目形态,在我国表现在电视台的设置上:我国各级电视台在内部分工时绝大多数是以节目内容为标准来设置的,如新闻部、文艺、经济部、体育部、社教部……这种安排往往会出现资源浪费等现象。如农业方面有一个好素材,这种体制下只能安排在农业栏目,若体育部有一档谈话类栏目,想利用这个农业素材就很不方便。

特别是节目生产部门的划分不可能把社会上所有行业都一一对应起来,有许多行业的内容找不到妥贴的归口。对此,电视台便成立一个社教部,"社教"是社会教育的简称,社会教育是极具中国特色的概念,涵盖内容相当广泛,这个部的内容划分比较模糊,许多按照内容无法归入其他部门的节目,就让社教部来承担,特别是党政机关部署的宣传任务——具有中国特色的"专题片"就是在这样一个历史背景下产生的。

电视节目形态的划分基本上以内容的不同来进行,这是节目形态的感性认识阶段。工业节目、农业节目、卫生节目、体育节目,这样的节目形态分类与电视节目本身的规律关系不大,不需要电视人对电视理论有多深刻的理解,仅仅具备简单的社会知识,能够区分和认识工业、农业、卫生、体育等常识就可以了。

从电视台部门的设置和人们对节目形态的认识来看,那个阶段对节目形态的划分都是简单地用一种内容对应的方法,从国家行政机构或组织平移而来的。这种做法有一定的合理性,因为这样既可以很好地对口服务政府的各个职能部门,又可以突出体现新闻媒体的喉舌功能。这就是在特定的历史环境下,我们对电视节目形态的认识。显然,这种对节目形态的认识不是对电视节目的本质认识。众所周知,一则关于农业的电视新闻与一则关于法治的电视新闻在节目形态上是一样的,完全可以在同一档栏目播放。以农业为主的农业频道与以法治为主的法治频道,两个频道的节目形态并没有因为内容的不同而产生出新的节目形态。

第二阶段:探索模仿阶段

如果说第一阶段是从节目内容来认识节目形态,那么第二阶段就可以说是从形式的角度来认识节目形态。

电视人在节目的生产实践过程中对节目形态有了大量的感性认识,在这些感觉、知觉、印象等经验性的知识基础上,他们运用经验化的节目生产方法,包括观察、类比、抽象、模仿等方法,不断探索电视节目形态的规律,其中经验模仿方法成为电视节目形态在生产实践中的重要方法。

这一阶段,电视人开始注重节目形态在节目生产中的重要地位,努力改变单调死板的节目形式,引进和吸收一些先进的西方节目形态。

对新闻类电视节目形态的探索可以说以《焦点访谈》《新闻调查》等栏目以及那个时期许多特别事件的现场直播节目的出现为标志,以突出现场事件这个元素为特征。

记者现场报道的节目形态让观众看到了鲜活的现场事件,感受到了那些没有经过电视人精心修饰的现场事件带来的出人意料的惊喜;调查类节目中,电视记者克服种种阻力,通过手中的摄像机挖掘、记录那些被强大权力、势力所掩盖的重大现场事件,将黑暗暴露在阳光下,把问题揭露得一清二楚。通过这种节目形态,观众感受到了电视的力量。

一期又一期直播形态的节目让十几亿观众感受到与现场事件的零距离、零时差,观众被这些正在发生的重大历史事件所震撼。电视现场直播节目形态的发展,不仅对新闻传播事业产生了深刻影响,而且改变了观众的社会生活。对社会新闻、信息的了解也是一个社会文明程度的体现。越落后的社会,人们对物质财富占有的差别就越大,同时,人们对新闻、信息、文化占有的差别也越大。传媒业不发达的时代,由于社会等级、地位的界限,平民百姓往往只能在这些事件快销声匿迹的时候才能从消息灵通人士那里"道听途说"一些信息。所以说电视现场直播节目形态不仅把电视事业推向了一个新高度,也加快了信息公开的步伐。

对设计现场事件类节目形态的探索以中央电视台的《开心词典》《非常6+1》《星光大道》、湖南卫视的《快乐大本营》《超级女声》、凤凰卫视的《非常男女》等节目为标志。这是以现场设计类节目形态改革创新、模仿克隆为主的节目形态探索阶段,这个时期的节目形态以突出电视人的"设计现场事件"元素为特征。

这类电视节目常常通过采用类似电视剧剧情展示的方式,选择真人真事,让观众感受真实角色表演的曲折故事和动人情感,让观众感受那种鲜活的、自然的、原汁原味的表演,同时,配以不断变化的或现实中不存在的科幻场景,让观众的视觉得到不知疲倦的享受。新颖的设计方案、高额的奖金激励不仅拨动着参赛选手的心,而且吸引着紧握遥控器的观众。对观众来说,参与性极强的设计现场事件的节目,刺激、新鲜的元素,加上电视人充分利用其媒体之便利而制造的轰轰烈烈的广告宣传,很快便可以在观众中掀起一股节目收视热潮;对参加比赛的人来说,选手通过几场设计的节目比赛,一只普普通通的"丑小鸭",经过电视媒体的锻造和电视人的一番导演,便可能一举成名变成"白天鹅"。湖南卫视的《超级女声》就成功地造就李宇春、张靓颖等"白天鹅"。

如果说前一个阶段是通过电视人展现现场事件、挖掘现场事件显示出了电视人社会角色的力量,那么后一个阶段就是通过电视人精心设计的现场事件来显示电视人表现戏剧的力量。赛事给出的高额奖金或超值回报使得人们踊跃报名,积极参加这场惊险刺激的争夺和竞争。复杂的游戏规则、严密的环节设计、曲折的过程无不让观众大开眼界。但这一阶段的电视节目市场有一个特点,那就是模仿成风、克隆盛行。

第三阶段:科学创新的理性认识阶段

理性认识是人类认识的高级阶段,它的表现形式是以概念、判断、推理组成认识过程。理性认识是在掌握了事物内在规律、本质联系基础上的认识,其最大特点是具有抽象性、间接性、普遍性,是能反映出事物发展的必然趋势的认识。

严格意义上讲,中国电视节目形态的科学创新阶段直到今天还没有真正来临。节目形态的理性认识阶段至少要具备以下两方面的因素:

第一,从社会与市场的因素看,只有等到节目形态创新的研发投资才能产生足够的回报,低级的节目克隆现象被节目创新、节目购买有序的市场所规范,电视节目生产部门坚持自主创新,电视节目处于良性竞争的时候,电视节目形态的科学创新才算真正实现。

第二,从电视理论的因素来看,当关于电视节目形态的研究从搜集资料的过程进入整理材料的过程,大量的、零散的电视节目形态的经验知识逐渐上升为历史的、逻辑的、理性的知识,人们掌握了节目形态千变万化的背后所隐藏的内部规律和决定性因素,经验的知识被深化,走出就事论事的局限,并舍弃细枝末节,省略许多无关紧要的干扰因素,突出问题的本质,发挥抽象思维高度概括的力量之后,我们才可能建立起科学的电视节目形态理论。

三、关于电视节目形态定义的综述

所谓形态,是指形状神态,指事物在一定条件下的表现形式。

对于物质形态,即物质的表现形式,相对来说人们容易理解,如水有三种存在形态:液体、气体、固体。水的物质形态建立在一个统一的、特定的物质基础上:水分子的化学性质不变性。水的三种存在形态不过是因为其组成的元素的排列组合方式的不同而存在的。

对于观念形态,如何把握其形状与神态?我们对观念形态概念的理解、应用存在很大的难度。但我们可以类比物质形态,可以寻找观念的组成元素,去研究不同的组成元素、去研究元素的不同排列组合。

电视节目作为对客观的、现实的物质世界的反映,它是一种以特殊物质为载体、用画面语言进行表达的人类文化,电视节目形态显然属于一种文化观念形态。在电视节目形态研究的道路上,许多学者作出了巨大的贡献,为我们进一步的研究丰富了理论基础,在即将对节目形态进行探索之前,下面列举部分有研究价值的观点。

1. 现有节目形态概念

（1）一般形态概念加上电视节目的定义

许多文章对电视节目形态的定义就是在电视节目后面添加上《辞海》对"形态"概念的解释，即电视节目的形状和神态。他们将电视节目这种非物质的观念形态，对照物质形态的定义，用形式代替形状来作为观念的电视节目的形态。这种将电视节目形态定义为形式与神态（神情态度、精神状态）的研究举例如下：

a."节目形态除了强调节目的具体形式外，一般更强调节目所表现出的一种只可意会不可言传的略带抽象的气质和神韵，也就是强调节目的外在的个性化色彩。"[1]

b.电视节目形态是电视节目的表现形式。这个定义比较大众化，可以解释为存在的样式和运动状态。

（2）内容与形式相结合的综合论

"节目形态是内容和形式的某种综合性、统一性的表现"[2]，"一般来说，可以从纵横两个方面来考察电视节目形态。横的是内容，纵的是形式。因此我们可以从横的角度区分新闻、文艺、社教、广告……也可以从纵的角度区分为谈话、娱乐、晚会……"[3]，"电视节目形态是电视节目形式的自然延伸和个性化拓展，也即由电视节目的形式、内容、气质和神韵构成的电视节目的设计模板"[4]。

（3）存在论

"节目形态就是电视节目的存在样式和运动状态。从传统意义上讲，节目形态，是指广播电视组织传播活动的基本形式和播出方式。具体到电视节目的完整形态，包括节目名称、内容、主题、形式和一定的时间尺度。"[5]

（4）元素结构论

"何谓节目形态？就是节目的框架形式，或者说是节目内容的构成要素的组合规律。"[6]

---

[1] 孙宝国：《关于电视节目形态的若干思考》，《现代传播》2007年第2期。
[2] 沈文锋：《电视节目形态的发展与创新》，《当代电视》2006年第6期。
[3] 同上。
[4] 孙宝国：《中国电视节目形态研究》，新华出版社2007年版，第2页。
[5] 李立：《认识当代电视节目形态》，《新闻界》2006年第1期。
[6] 吴国跃：《节目形态与创新》，《视听纵横》2007年第2期。

刘炘在其《电视意识论》一书中指出："电视新闻节目、专题节目、文艺节目、电视剧和广告节目，它们的区别，是由其构成要素的特定结构方式决定的。"①作者很明确地把区分不同节目形态的标准归结为构成要素的结构方式。这个观点值得肯定，但他在书中并没有就要素及其结构深入展开研究。作者对节目形态结构的研究，可以说是一种直感、一种初始的朦胧的认识。在后来的篇幅里，他虽然也谈到结构，也只是指具体的节目结构而非节目形态的结构。

"电视节目元素是构成电视节目形态的基本单位，主要包括视觉元素、听觉元素、刺激元素、情感元素、故事元素、技术元素等。不同的电视节目元素的排列组合或曰编码构成了不同的节目形态。"②孙宝国把电视节目形态划分为两大族12类。两大族就是新闻节目族群和电视娱乐节目族群。新闻族群包括电视新闻节目、电视新闻现场直播节目、电视谈话节目、电视纪录片、电视服务节目、电视广告节目6类电视节目形态；电视娱乐节目族群包括电视娱乐节目、电视真人秀节目、电视体育节目、电视剧、电视电影、电视动画片6类电视节目形态。问题是，在作者所做的节目形态的分类体系里看不到与他自己所说的要素有什么具体关系，文中也看不出这样划分的统一标准和依据是什么，他所说的要素与他所建立的形态是没有逻辑关系的两张皮。书中对12类节目形态的研究，又回到了电视节目的结构研究而不是节目形态的结构研究。

（5）生成论

在《从创作和制作的角度看电视节目分类》中，金越按照黑格尔《逻辑学》中的"自由自为"的运动观点，认为："一个概念能否成立，看它是否具有自我产生、自我发展并形成概念体系的能力。"③他从节目生成方式的差异性，从创作和制作的角度，将电视节目分为三类：编辑设计类、电视转播类和资讯类。

他认为编辑设计类节目是由电视人发起并制作的；电视转播类节目则是由非电视原因发起并组织的，电视的介入只是起到了一个转播平台的作用；资讯类节目的素材形成并非由电视发起，但是由于现代传媒对社会的强力介入，资讯类节目便具有了相对的主动性，所以它是介于编辑设计类与电视转播类之间的节目类型。

---

① 刘炘：《电视意识论》，敦煌文艺出版社1992年版，第166页。
② 孙宝国：《中国电视节目形态研究》，新华出版社2007年版，第6页。
③ 金越：《从创作和制作的角度看电视节目分类》，《中国电视》2005年第1期。

他把评论节目、深度报道节目、谈话节目、互动节目、杂志节目、晚会节目、真人秀节目、纪录片、电视剧归入编辑设计类节目;把社会事件、体育等其他赛事、文艺演出、电影、教学节目归入电视转播类节目。

(6)其他一

中国人民大学喻国明教授在《媒介市场定位》中指出,中国电视台与国外著名电视台在节目形态方面存在种种差距,而节目形态方面的差距,其实并不单单是由于具体的操作技术所造成的,而主要是由于不同的传播观念造成的,以及在不同的传播观念指导下不同的操作机制乃至不同的运作体制所造成的。这里从宏观到微观的不同层面指出了影响节目形态生产的几个因素:观念、机制、操作技术。他实际上指出了电视节目形态至少包括操作技术、传播观念、操作机制、运作体制等因素。

(7)其他二

在中央电视台拍摄广东省改革开放成就的一个系列报道时,到底是选择纪录片还是政论片的形态,摄制组意见不统一。事后,当时参与节目制作的孙玉胜认识到"我们之间的冲突反映着电视节目形态创新过程中从业者电视意识和电视观念的差别与冲突"。① 他实际上指出了电视意识和电视观念对电视节目形态的影响:电视意识和电视观念属于电视人的思想认识,属于电视人对电视节目理论的认识。这里,作者指出了节目形态创新的思想认识基础,但并不具体、深入。

孙玉胜在《十年——从改变语态开始》一书中还指出,"将电视新闻节目在大类上分为:报道类节目、杂志类节目、谈话类节目,而在这些大类下又可分为不同的形态,如,报道类节目可以分为新闻(消息)报道、调查类报道(或深度报道)、专题报道"②。这里,作者既没有解释报道类节目、杂志类节目、谈话类节目的分类标准是什么,也没有解释这些大类下面的分类为什么叫节目形态分类、到底什么是节目形态等具体问题。

(8)其他三

"节目形态是电视节目的程序软件,先进的形态设计本身就是电视节目生产经验的精华所在。实际上,内容观念是电视之外的东西,形态才是电视节目

---

① 孙玉胜:《十年——从改变语态开始》,生活·读书·新知三联书店2003年版,第7页。
② 同上,第51页。

制作方式的核心。"①

四、现有节目形态概念的欠缺及本书的定义

在节目形态的研究上,前人的贡献是值得肯定的,但从本书建构的节目形态结构理论来看,从本书节目形态的系统存在理论来看,特别是从电视节目的生产系统来看,当前电视节目形态的定义存在一些问题:

1. 概念的规范性与准确性较差

电视节目形态概念的重要性可以从电视学术论著中其出现的高频率中略见一斑,但在其频繁出现的文章中,其使用的随意性也随处可见。人们仅仅把它当作一个日常生活用语凭着各自的感觉和理解在使用,而没有认真思考它的准确含义。经常出现同一篇文章中多处使用"节目形态",但各自的内涵却不同;或同样的内涵,有时用"节目形态",有时用其他术语的现象,对节目形态这一概念理解模糊、使用混乱。造成这种现象的一个重要原因,是没有严格界定节目形态这一概念,没有真正从本质上把握节目形态的精髓与实质。

2. 概念的实践性与操作性差

"电视节目形态"是一个实用性很强的概念,是电视节目生产过程中的一个重要环节,但我们对关于节目形态的许多定义和理解比较泛,有的是在一般的形态概念的定义前面加上"电视节目"几个字。如"形态"一词在词典里的解释是形状和神态,于是便将电视节目形态定义为节目的形状和神态,这样对概念的机械套用没有什么用处,把这样的定义与现实的电视节目形态相对照,根本不沾边,给人两张皮的感觉。这样的概念的定义没有可操作性、具体指向性,对电视节目形态未来的发展更谈不上指导意义。

3. 研究缺乏整体性和系统性

从人类科学研究的历程看,每门学科中那些基本概念的建立,都是为了解释某种现象,解决某个问题。但仅仅依靠这几个基本概念还不可能构建一个错综复杂的现象系统。许多完整的科学理论不仅有基本概念,而且在一个或几个

---

① 郑蔚:《〈开心辞典〉:在经营中打造品牌》,《中国广播电视学刊》2004 年第 11 期。

基本概念的基础上还会派生或演绎出一个相互联系的概念体系、原理体系。孤立的概念实际是不存在的，也是没有意义的。如马克思的经济学便是以货币为基本概念，从而演绎出的一个相互联系的概念体系、原理体系。因此，在讨论节目形态问题时，我们不仅要发现、确定其基本概念，还要建立其所衍生的一系列范畴及其相互联系。

节目形态概念是为了说明电视节目的存在方式与生成方式，本理论在建立该概念时，派生出了它的生成元素（电视人、技术、现场事件），也派生出了其他相关概念。这些概念构成了一个相对稳定的系统，即一个电视节目形态与其所衍生的一系列范畴相联系的系统，在这个系统中，我们可以从根本上认识节目的形态。离开了其所属系统，即节目生产系统，节目形态概念就可能不复存在。

对现行的节目形态研究，人们很少将全部节目形态作为考察对象，也很少把它们放在一个系统体系中，放在一个确定的范围和框架中进行动态的过程研究；更没有在这个系统里寻找其共同组成的核心要素，探索其要素的相互作用、相互关系等规律性。因此，研究中各种各样的起点、各种各样的概念解释使人感觉凌乱，形成不了整体感，有时甚至出现相互抵触的现象。由于没有一个关于节目形态的研究系统，"节目形态"这样一个基本概念作为研究起始点、逻辑起点的作用根本体现不出来，以至于许多研究中的节目形态概念的定义与其后面所研究探讨的问题无法形成一个有机联系的整体，许多时候出现概念与解释的内容、概念与所建立的理论相互脱节的现象。

4. 本书对节目形态的定义

本书对节目形态的概念是在对电视节目生产系统分析、电视节目生产系统中生产三元素的分析和对一般"形态"概念的分析基础上总结归纳而成的。

（1）在电视节目生产系统中考察节目形态

在定义节目形态之前，我们先考察节目形态的来源问题。节目形态是与节目内容相对立的一个概念，意指除内容以外的部分，指电视节目自身所固有的存在方式。电视节目形态、节目内容都是与电视节目同时产生出来的。节目形态可以说是电视节目的一个"寄生物"。如果把节目形态的上端即电视节目的来源弄清楚，节目形态的来源问题也就解释清楚了。

为了准确地把握电视节目的来源，就要先考察电视节目的产生过程。电视节目生产与一般的物质生产具有许多相似性，经济学已经研究并实践检验过的许多规律、研究方法,电视节目生产都可以类比借鉴。如物质生产的目标就是满足人们日益增长的物质需求,电视节目生产的目的则是为了满足观众日益增长的对新节目的需求。因此,不管是物质生产还是节目生产,保持产品的不断创新就是它们发展的动力。

创新是人类生存和发展的不竭动力,对于创新的研究,我们不得不首先提及熊彼特,1912年他在《经济发展理论》一书中对这一概念进行了精辟的阐述。他从经济学的角度指出,创新就是企业家重新组合生产要素,将一种从来没有过的生产要素和生产条件的新组合引入生产体系。"生产意味着把我们所能支配的原料和力量组合起来,生产其他的东西,或者用不同的方法生产相同的东西,意味着以不同的方式把这些原材料和力量组合起来。"[①]他认为,创新就是建立一种新的生产函数,"在描述循环流转时,人们必须把生产手段的组合(生产函数)当作数据"[②]。在熊彼特看来,生产要素及其变化会导致生产的变化,产生创新,推动经济发展。

虽然熊彼特是从经济学角度分析创新的概念,但实际上他的认识可以推广到政治、经济、文化、军事和社会生活的任何领域。我们也可以从生产要素的新组合的角度来研究电视节目形态的创新。

在熊彼特的创新概念里,我们可以发现:

第一,创新的方式:企业家引进新的生产要素或变更生产要素的组合方式。

第二,创新的系统:熊彼特用数学的语言来定义创新——创新是生产要素的函数。这实际上明确了一个限定,即创新是在生产系统这个范围内进行的。

类比经济学的创新,节目形态的创新问题就可以归结为节目生产系统中的基本生产要素是什么,这些要素之间错综复杂的关系和变化是如何形成节目形态的变化的。

(2)关于节目生产的要素

电视节目中最基本的、最原始的是电视新闻,我们即先从寻找电视新闻的生产要素开始。"电视新闻是以现代电子技术为传播手段,是以声音、画面为传播符号,对新近或正在发生的事实的报道"[③]。这里有三个主要元素:电子技术、

---

① 〔美〕约瑟夫·熊彼特:《经济发展理论》,商务印书馆2011年版,第75页。
② 同上,第92页。
③ 杨伟光主编:《电视新闻分类与界定》,中国广播电视出版社1994年版,第3页。

事实、(电视人)报道。简洁的表述就是(电视人)(通过)电子技术报道(现场)事实。电视人是主体,电子技术是工具,现场事实是客体、是对象。

所以,本书把电视节目生产的基本元素概括为电视人、技术、现场事件,把电视节目形态的变化归结为三元素及其按照不同的规律进行的不同组合、聚合。

这里要强调的是:我们是从新闻节目的生产过程发现节目生产的三元素的,但这三个元素具有一般电视节目的普遍性。

(3) 本书对节目形态的定义

本书对节目形态的定义:电视节目形态是电视节目的生产方式,是电视节目生产系统内部元素间的存在方式、运动状态及其组合,是电视人、技术、现场事件这三个基本生产元素的函数。对电视节目形态的研究就是寻找演绎电视节目生产系统内部三元素——电视人、技术、现场事件间的存在方式、运动状态及其组合规律。一切对节目形态的认识和把握都可以从电视人、技术、现场事件三元素的探索中得到答案。

从电视人的角度看,电视节目形态包括:在电视人的电视意识和电视观念、操作机制和运作体制等影响下产生的新型节目。

从电视技术的角度看,电视节目形态包括:由于操作技术、创作和制作节目的生成方式不同而产生的新型节目。

从现场事件的角度看,电视节目形态包括:自然现场事件和设计现场事件的节目。

第二节　作为电视节目本体的节目形态

我们在此之所以研究电视的本体,并认为电视节目形态就是电视的本体,是在为电视节目形态理论体系做准备。电视节目形态作为电视的本体,决定了研究节目形态理论的重要性,决定了节目形态的规律的把握对电视的理解与把握的重要性。这个逻辑思路可以简单地概括为:通过电视节目形态研究来把握电视本质。同时,电视节目形态的客观性、本体性、相对稳定性决定了电视节目形态作为单独的研究对象的重要价值,决定了以电视节目形态为核心建立一个完整的科学理论的可能性、必要性和现实性。

一、电视节目形态的客观性

电视节目形态的客观性是指节目形态的规律性和可复制性。这种客观性也决定了其成为电视节目本体的基础地位。电视节目形态的客观性最重要的是它的客观存在性。

1. 一种系统存在

电视节目形态的系统存在是指节目形态存在于电视节目的生产系统,是由生产系统中生成节目的三要素及三要素的组合所决定的。电视节目形态不能脱离节目生产系统来讨论,生产系统决定了电视节目形态的规律和特性,在这个系统之外或不明确所研究的系统范围,则任何探讨都是对节目形态支离破碎的理解甚至是曲解。

2. 一种社会存在

每种节目形态都渗透着强烈的社会性,都是一种社会的存在。一种节目形态能否产生、生存、发展,能否被观众接受,是与特定的社会历史环境相联系的。事实上,一个社会所接受的节目形态,原则上都是以观众的集体习惯、约定俗成、道德规范为基础的,与社会环境不相适应的节目形态就难以被观众接受。一个地域的观众喜欢的节目形态到了另一个地域也许并不受当地观众喜欢,这就是节目形态引进本土化中最重要的一个方面问题。同理,在一个时代热播的电视节目形态换到另一个时代也不一定有观众市场。

3. 一种理论存在

所谓节目形态作为一种理论存在,就是节目形态研究可以成为一门相对独立的理论。关于节目形态的研究能否成为一种理论,首先要看它的研究在电视研究整体框架里的地位。

电视学的研究主要包括五个方面:电视节目学、电视受众学、电视传播工程学、电视管理学、电视史。[①] 这五个方面,有些是电视学主要的、本质的研究对象;有些是其他学科如传播学、管理学、心理学等的研究对象,在电视学中的研

---

① 阎玉卞主编:《中国广播电视学》,中国广播电视出版社1990年版,第23页。

究只是一个辅助部分,它们表面上是研究对象,但研究的思路都借鉴和套用了其他学科的方法。

《中国广播电视学》中所说的电视受众学包括受众心理学、受众调查学,这些研究很明显超不出传播学的受众研究范围。因此电视观众的收视心理、收视调查基本上可以参考大众传播学的研究方法。

关于电视传播工程学这些研究属于技术领域的范畴。尽管电视技术是电视媒媒区分于其他媒体的独特个性,但其在电视节目销售市场,在观众收视的终端几乎是一个看不到的隐蔽元素,加之其专业性过强,以至于它只能单独作为一门学科,几乎处于与电视学并列的位置。

电视管理学的研究借鉴和套用的是管理学的方法,根本超不出一般管理学的范围。

电视史的研究就是一般历史学的研究范畴。

电视学中只有电视节目学是电视所特有的、本质的研究对象,而在电视节目学里主要研究两个方面:电视节目的内容和形态。所以,按《电视广播电视学》中电视学的内容看,电视节目形态的研究是作为电视学中的一个重要理论部分而存在的。

二、电视节目形态的本体性

任何一个学科的本体探究都没有电视本体、新闻本体的研究这么迫切。因为,从理论上讲,对新闻本体、电视本体的寻找与研究可以从根本上颠覆"新闻无学"的基础,指明电视新闻学专业发展、学科建设的重点,对电视学、新闻学学科地位的完善与巩固发展意义重大;在实践上,无论是从提升对节目形态的认识的高度,还是从具体节目形态创新上讲,这项研究提供了方向与路径、思路与方法。

当前电视节目异彩纷呈,电视人策划的名人秀、草根秀、晒歌声、晒技能,找对象、找工作,以及风格独特、形态鲜明的达人秀,让观众眼花缭乱。我国电视荧屏正从"内容为王"的时代步入"形态创新""形态制胜"的时代,节目形态的重要性被推到了一个历史最高点。那么从理论上看,节目形态在整个电视节目系统里处于一个什么地位呢?

整个电视节目系统里最重要的问题是节目的生产与创新。研究这个问题可以从多个方面着手,但寻找和发现电视节目的本体,无疑是最佳的切入点,因为找到本体就找到了本质与核心,找到了研究的重心与目标。

何为电视节目的本体?当我们面对千变万化的电视节目追问其本质原因时,当我们探寻电视节目规律时,当我们质问电视节目到底有多少种形态、如何进行节目创新等问题时,我们已经自觉不自觉地进入电视节目的本体研究了。要回答什么是电视节目的本体,首当其冲的是要考虑节目内容、节目形态这两个重要因素。本书最重要的一个观点就是节目形态是电视节目的本体,节目形态在电视节目系统中具有本体地位。

为何"节目形态"而不是节目内容或其他因素构成了电视节目的本体?这与电视节目的本源、本身和本质有着密切关系。节目形态的本质决定了其在电视节目体系中的本体地位,以下便对节目形态的本体属性展开论证。

本体属于哲学层面的概念,它至少包含以下三个层面的内容:

第一,本体指事物存在的本源,它是事物产生、存在、发展的根本原因、根本依据:"本体为有本有源、能够发育万物、显示生命与精神的实体存在。"[1]

第二,事物的本身。本体指事物本身,指事物存在的客体与实体,是与事物的"属性"相对立,与人们对事物的"认识"与"思想观念"相分离的概念。

第三,事物的本质。本体是形成现象的根本实体,常与现象相对,是与事物本质相关联的概念。

依据以上认定本体属性的三个标准,我们从节目形态是电视节目的本源、本身、本质三个方面来证明节目形态就是电视节目的本体这一原理。

1. 节目形态具有电视节目的本源属性

本源是事物生发的根本依据,探寻本源的方法之一是寻找其组成的最基本元素、最初元素,即"元"。对世界本源的探索,我们祖先有多种多样的认识,如"三元归一"指眼、耳、意是组成世界的基本事物;《云笈七签·元气论》中指天、地、水;还有的指上、中、下三丹田;也有指精、气、神或指日、月、星。本书对电视节目本源的研究追溯到节目生产最初始的三个元素:电视人、技术、现场事件。这三个元素就是节目生产的本源,是电视节目产生、存在和发展的最基本元素、根本原因和根本

---

[1] 成中英主编:《本体与诠释:中西比较》(第三辑),浙江大学出版社2011年版,第7页。

依据,它们具有"元"的地位。而按照本书对节目形态的定义,就是指这三个元素及其组合关系。因此可以说,节目形态构成了节目生产的本源。

2. 节目形态具有电视节目的本身属性

本体还可以理解为现实存在的本身、主体,与客体相对。本体为"我的",我这一方面的,客体理解为"你的",你那一方面的,是主体行为所指向的对象。在节目生产过程中,电视人作为主体、作为话语者,"我的"就是"电视人的",所有不是电视人的、并与电视节目相关的都属于"你的"。

在电视节目的生产过程中,电视人所占有的属于电视人的,即属于"我(电视人)的"资源有:播放平台、话语权(播出与不播出、采用什么方式播出),缺少的是播放的节目内容。节目内容这个电视人缺少的部分即属于"你的"那部分。事实上,当电视人找到采访线索,深入调查,得到了这些属于"你的"采录素材后。如何播放电视节目,采取什么样的节目形态,决定权属于电视人。这个固有的节目形态相对于电视人来说,是"我的",具有"我的"那个性质。

"节目形态是电视节目的程序软件,先进的形态设计本身就是电视节目生产经验的精华所在。实际上内容观念是电视之外的东西,形态才是电视节目制作方式的核心。"①电视节目形态,是电视人固有的、不变的,恰恰具有"我的"那个性质。电视节目内容是他们寻找的对象、播放的对象,恰恰具有"你的"那个性质。从本体为现实存在的本身、主体的角度看,节目形态具有电视本体的属性,而节目内容则不具备。

3. 节目形态具有电视节目本质属性

本质是事物的根本属性,是事物存在的内在根据,本质决定事物的存在。本质与现象对立,本质存在于事物内部,具有稳定性,不易把握;现象则浮于事物外部,形式变化多样,相对容易观察。对于事物本质的认识,只有通过反复的实践、大量事实的分析,去除不断变化的元素,保留那些稳定不变的元素并发现规律,才能做到透过现象发现本质。对电视节目本质的探寻也必须深入电视节目内部,通过对一个又一个节目的分析,剥离那些不断变化的、具体的表现形式和现象,才能留下相对稳定的本质元素。

事实上,在电视节目的生产中,节目形态具有相对稳定性。电视产业化、电

---

① 郑蔚:《开心辞典:在经营中打造品牌》,《中国广播电视学刊》2004年第1期,第11页。

视节目商品化,使得电视节目以栏目的形式批量生产、标准化生产。在栏目生产和栏目化传播中,节目形态正是具有一定稳定性并决定栏目本质的要素,这是因为在节目生产前,在栏目策划定位时节目形态就被固定下来了。"内容可以不断变化,具体样式也可以不断变化,但是形态是个相对固定的东西";"形态不仅规范了一大批节目,装进一大堆内容,而且它可以到处流动。"① 一档栏目,每天播出不同内容的节目,当一期又一期的节目播完,观众并不知道下一期将播出什么内容,但非常了解这档节目会以什么形态出现,将以怎样的故事结构来安排。甚至连制片人、编导等节目生产者也是做完一期节目,往往还不知道下一期或以后几期到底是哪些内容,但他们知道去找什么样的素材,知道按照什么方式生产节目,即他们都知道节目形态。

电视节目经常在结束后出现字幕广告或主持人播报广告:"欢迎观众参与节目,提供节目线索",征集以后可以播出的节目内容。显然,节目生产者们很清楚那个相对不变的节目本质——节目形态——代表着栏目的生产方式,指导着电视制作人进行节目生产。显然,电视人也相信观众清楚该栏目的节目形态,否则观众无法参与。相对于千变万化的节目内容,节目形态是稳定的,在电视节目生产中可以复制、反复运用,反映了电视节目的本质属性。研究节目形态的目的就在于寻找电视节目形态的规律性,寻找在电视节目生产中可以复制、反复运用的元素。

三、节目内容作为本体必将引发"新闻无学"

电视节目主体只有两大部分:节目形态和节目内容。如果用最简单的二分法思维去考虑,那么电视节目的本体不是节目形态就是节目内容。前面我们论述了节目形态是电视节目的本体,现在我们再从反面加以论述,如果节目内容作为电视节目的本体,会出现一些什么样的反常现象。

1. 现实中确实存在一些把内容作为本体的现象

相比其他行业,我们发现没有哪个行业像新闻行业这样如此不重视从业人员的专业背景。一些媒体甚至不愿意选用新闻专业的学生,而乐意选择非新闻

---

① 李幸:《电视节目形态之我见》,《电影艺术》2004年第1期。

专业的学生,他们按照新闻内容选择工作人员,希望写经济报道的记者有经济学专业背景,写法律报道的记者有法学专业背景。这种择人用人的现象从侧面反映了对新闻专业性持一定的否定态度,是实践中对"新闻无学"的阐释。

新闻反映的内容涉及人类社会、科学各个领域,这些领域都是相对独立的学科,各学科有各自的专家。新闻的内容涉及其他学科,新闻人不需要、也不可能成为所报道的各行各业的内容专家。

内容本体论的产生有一定的现实基础,其存在的原因与新闻类节目有关。新闻节目偏重内容,"内容为王"是媒介的重点,也是媒介产生、发展的源头。在媒介认识的初期,在非新闻节目发展不充分的时代,在新闻独领风骚的时期,对于任何问题,人们都喜欢选择新闻类节目作为话题。因此,新闻内容的地位、作用被无限放大就成为可能。

实际上,媒介内容不仅包括新闻类,还包括非新闻类。尽管新闻类节目也不是以内容为本体(内容本体是一个错误观念),但人们还是习惯于沉浸在新闻类节目的话语体系中,习惯于用新闻类节目的思维方式去同化所有问题,试图用单一的评价指标去考量所有内容。殊不知非新闻类节目的规律有许多是与新闻类节目不一样甚至截然相反的。

2. 学界一直存在着"新闻无学"的论调

一门学科被冠以"无学"的帽子,可以说是现在所有学科中唯有新闻才可得的"桂冠",除此以外再也找不出第二门学科了。

我国新闻学的历史从1918年9月北京大学开设新闻学课程,同年10月北京大学新闻学研究会成立,1919年徐宝璜的《新闻学》专著出版等算起,至今已近百年历史。我国新闻学从无到有,新闻传播学从属于文学的三级学科,到成为文学门类下的一级学科;从专科、本科教育到硕士、博士研究生教育。同时,作为一门学科,它经历了其他学科没有经历的"坎坷",其中最为艰难的莫过于学科身份的确认。一个"新闻无学"的声音一直或明指或隐射,或直接或间接,或高或低地盘旋在人们耳边,这个声音也就成了新闻传播界一个挥之不去的阴影。

实际上,现在也能够听到类似"新闻无学"的变调。如果上网输入"新闻无学",仍然可以读到非常多的文章,甚至"新闻无学"主题已成为博士生论文的研究课题;2008年,中国广播电视出版社出版的博士论丛中,就有唐远清的专著

《"新闻无学论"的辨析及反思》。可见"新闻无学"这个命题是多么重要,是学界与业界很难解开的结。

3. 内容本体论必导致"新闻无学论"

第一,内容作为本体,新闻内容的专业性必将代替新闻本身的专业性。新闻所反映的内容涉及自然、人类社会等各个学科领域,这些领域都是独立的学科,各学科有其研究的范式和方法,也各有各的专家。新闻人不需要成为,也不可能成为内容专家,这就必然让人推导出新闻只是一个传声筒,出现新闻专业是一个大杂烩、无专业性可谈的论断。

第二,内容作为本体,必将把收看内容的简单性当作新闻本身的简单性。电视节目内容的简单性有时来自于电视人的有意所为。由于电视传播具有转瞬即逝的特性,因而电视节目制作要求通俗易懂,电视人必须让观众看懂、听懂,即使很晦涩的知识也要想办法转化成通俗易懂的。

如果把我们内容作为本体,将内容的简单性等同于媒介的简单性,那么电视的简单性就成为一件非常可怕的事情了。反过来,如果我们把节目形态作为本体,电视人能够让孩童津津有味地看节目,说明电视人不简单、不弱智,电视的专业性也就充分体现出来了。

这种"新闻无学"的逻辑出发点就是没有找到新闻自身的本体。或者更直白地说,就是误把新闻所反映的内容看成了新闻的本体。那些持"新闻无学"观点的人,把新闻与新闻内容等同一体,把新闻内容作为本体,把对新闻本体的评价转成为对一则新闻内容的评论,造成了评价(电视学专业性)对象的错位。因此,要解决"新闻无学"这个难题,就必须找到新闻的本质,找到真正属于新闻自己的领域。不能在新闻本体的外围谈新闻是什么,在新闻本体的外围说新闻学。

新闻界这种按照新闻内容选择人才的现象说明,这类媒体要么是不按新闻规律在办报、办台,要么就是不能把握新闻的本体及新闻学的学科性。认真地、负责任地说,新闻学的科学性是任何学科、专业都不能取代的。

本书为什么要重提"新闻无学"这样一个老生常谈的话题呢?因为笔者认为,如果不强调新闻本体,找不到新闻的本体,找不到电视节目的本体,新闻无学、电视无学、电视肤浅的观点就将永远存在下去,"对新闻学持质疑倾向或消极评价、悲观预测的各种论点"也将会继续,"各种形式质疑或否定新闻学科学属性、学问属性、学科地位和理论价值,轻视和不满新闻学科研究成果和现状,悲观预测新闻学发展前途的各种观点"[1]就不会停止。

当节目形态明确为电视本体,电视学的研究重心就转移到了节目形态,电视学的科学性基石则被奠定。今后,评价电视学应该首先从节目形态的专业性与复杂性谈起。节目形态的独立性、专业性、科学性将使得电视不再简单,电视学科的独立性、科学性也将凸显。新闻学也是如此,要对"新闻无学"进行评说,应该立足于新闻本体来进行,在新闻本体、本质之外评价新闻,都是荒谬之举。

不管"新闻无学论"是学者持有的观点,还是观众或传媒业界的观点;不论是偏见、误解,还是无知,事实胜于雄辩,社会上确实存在"新闻无学"的声音。这种声音对我们来说是警钟,需要新闻研究者用严谨的概念、严密的逻辑、完善的体系,来丰富新闻学科的科学性。只有通过科学的研究,获得不是任何人,特别是非专业人一看就知道、一听就明白的科学原理,获得让读者认可的研究成果,获得让业界认可且真正能够指导实践的新闻规律,才能真正确立新闻学的科学地位。

笔者认为,新闻的本体是它的表现方式,不是它所表现的内容。因此,新闻学的科学地位必须至少建立在对"选择什么样的内容?如何反映?"这两个问题的探索上。按照这样的观点来说,之所以会有争论,原因是对新闻的本体认识不够,错把新闻内容当作了新闻研究的本体,争论焦点错位了,才导致了"新闻无学"的错误观点的形成。

也就是说,当我们把新闻的本质放在其传播内容上时,当我们只注重电视节目内容时,就会出现新闻无学、电视肤浅等观点。但是,当我们深入探寻新闻的表现方式、电视节目形态时,就会发现新闻的学问深、研究电视节目的难度大。

四、对节目生产实践的价值

探求并确定电视节目的本体是什么,无论是从研究方法还是从研究结果来看,对准确把握新闻学科的本质、提升新闻学的学科地位都具有非常重大的意

---

[1] 唐远清:《"新闻无学论"的辨析及反思》,中国广播电视出版社2008年版,第111页。

义,同时这对电视节目创新实践也具有极其重要的现实价值。

当前,我国形成了一个中央与地方电视台、境内与境外电视台以节目竞争为中心,以争夺市场份额、观众和广告为目标的、竞争空前激烈的媒介环境。电视节目的竞争带来了电视节目市场的转变和繁荣,市场的供不应求已经转向市场的供过于求。但在我国电视节目繁荣的背后,隐藏着节目创新环境恶劣、理论支持薄弱、节目生产急功近利、发展后劲严重不足等巨大危机。

当前比较受欢迎的节目形态大都是从国外引进的,湖南卫视的成长主要归功于其节目引进与克隆技术:当我们在乐此不疲观看《爸爸去哪儿》时,观众也很快知道了该节目的原版模式购自韩国MBC电视台《爸爸!我们去哪儿?》的版权,与其热播节目《我是歌手》属"一母同胞";《变形计》引进自英国 *Wife Swap*;《超级女声》引进自美国 *Pop Idol*;《我是冠军》引进自美国 *Amazing Race*。当然,中央电视台也有许多节目是从国外引进的,《非常6+1》引进自英国 *Frame Academy*;《幸运52》引进自英国 *Go Bingo*;《开心词典》引进自英国 *Who wants to be a millionaire* 等。

引进与学习是两回事,克隆与学习更有性质上的区别。目前,任何行业都存在一个学习先进经验的现象,在学习电视节目生产与创新方面,则形成了一个这样的学习链条:内地学港台,港台学日韩,日韩学美国,美国学欧洲。不可否认学习的重要性和必要性,但学什么、如何学却不是一个简单的课题。节目竞争的背后是人才的竞争,是掌握了电视节目本质、节目形态本质的人才的竞争。只有把握节目形态的规律,提高自主研发的能力,在创新的基础上引进、借鉴其他国家的节目形态,才能变被动克隆、购买版权为自主创新,才能推动中国电视事业发展,做强、做大文化产业。希望本书的观点在以下两个方面能对我国的电视产业有所触动。

首先,我们要从思想深处认识节目形态的重要性。节目形态作为电视节目的本体,这一命题指明了节目形态的地位。电视的专业性也必须体现在它的节目形态上,任何对节目形态的轻视、无知都将导致节目生产、节目创新成为一句空话。我们如此一个电视大国,原创节目形态竟然如此少,那么多好看的节目形态竟然是花高价买回的国外节目版权?归根到底,原因就是我们没有从根本上把握节目形态。节目引进与克隆只能是权宜之计,如果这种现象再继续发展下去,业界不去潜心研究节目的生产规律,不重视并加大节目形态的研发力度,一味跟在他人的后面亦步亦趋,"电视事业必亡"将不是危言耸听。

其次,在具体的节目生产与创新中实践。本书的节目形态定义明确了节目创新的三元素,非常具体地在微观层面界定了节目形态的内涵,界定了电视人、技术、现场事件这些相对确定的具体元素,这个理论即使不是节目创新的秘籍、灵丹妙药,也具有抛砖引玉之功效。

第三节　电视节目形态研究的理论体系

电视节目形态研究在什么情况下可以作为一门科学,什么样的研究成果可以使节目形态研究具有学科研究的地位？一般来讲,关于某一对象的研究要想成为科学,就必须要以该对象为中心,相关概念为辅助的,在此基础上建立概念的相互联系,形成严密的逻辑推演,从整体上构建相互融洽、自成一体的知识体系。总之,要想成为一门科学,它要实现从该研究对象的具体感性认识上升到一般理性认识的理论升华,要从具体的技巧操作层面上升到观念体系的层面。

一、一般理论体系的形成

康德在《自然科学的形而上学起源》中将"科学"定义为:每一种学问,只要其任务是按照一定的原则建立一个完整的知识系统,皆可被称为科学。因此,按照康德的思想,科学的任务就是:一要有确定的研究对象,二要对其进行系统研究,探索其规律。把这个思想与节目形态结构研究联系起来,我们的第一步——确定研究对象——已经完成,节目形态就是我们的研究对象。而第二步系统研究,就是建立一个科学理论的知识体系,就是把描述和解释节目形态的有关知识系统化、规范化。"科学理论是普遍性陈述,像所有用语言表达的东西一样,科学理论是记号和符号的系统。"①

能否建立一个严整、有序的关于节目形态的概念体系,即范畴体系;能否在

---

① 〔奥〕波普尔:《科学发现的逻辑》,查文强、邱仁宗、万木春译,中国美术学院出版社2008年版,第5页。

这些概念的基础上形成节目形态的基本逻辑体系、基本原理和各种推论,是电视节目形态结构研究能否成为一门科学的关键。

二、基本概念

这是科学理论的元素,就像建高楼大厦的砖块,简单、规范的基本概念是科学理论建立的重要原料。科学体系就是"要把一切概念和一切相互关系,都归结为最可能少的一些逻辑上独立的基本概念和公理"[①]。

罗素认为,每门科学都有自己的"最小量用语",一门科学中,每一句话都可以用"最小量用语"的字句来表达。最小量用语中的任何一个词都不能由其他的词来下定义,一个命题、一个理论知识体系所包含的最小用语应尽可能地少。而命题和理论体系都是有结构的,每一个结构上的发现都能够使我们缩小一门特定学科所需的最小量用语。因此科学的任务是寻找最优的知识结构来缩小最小量用语的数目。[②]

"怀特海在《过程与实在》(Process and Reality)一书的序言中谈到:真正的哲学方法,是尽一切努力去构成一种概念系统,并大胆地用它来探索对经验的新的说明方式。"[③]欧几里得的《几何原本》的基本概念就是点、线、面和五条公设,就此建立起了规模宏大的平面几何体系。"我们在寻求一个能把观察到的事实联结在一起的思想体系,它将具有最大可能的简单性。我们所谓的简单性,并不是指学生在精通这种体系时产生的困难最小,而是指这种体系所包含的彼此独立的假设或公设最少。"[④]

这些不能进一步简化的最少量的相互独立的基本概念、基本假设,就是一个科学理论的逻辑起点,而作为电视节目形态的基本概念就是:电视人、技术、现场事件(自然现场事件、设计现场事件)。

[①] 《爱因斯坦文集》(第一卷),商务印书馆1976年版,第205页。
[②] 〔英〕罗素:《人类的知识——其范围与限度》,商务印书馆1983年版,第290-318页。
[③] 〔美〕欧文·拉兹洛:《系统、结构和经验》,李创同译,上海译文出版社1987年版,第3页。
[④] 《爱因斯坦文集》(第一卷),商务印书馆1976年版,第344页。

三、基本理论

欧几里得的《几何原本》仅用了五条简单公设,就建立起了规模宏大的平面几何体系。而节目形态结构理论是在电视节目生产系统的研究基础之上,通过电视节目生产系统中的基本生产元素及其组合建立起来的一个关于电视节目形态的本质及其规律的知识体系。电视节目形态结构研究的基本理论大致包括以下几个方面:

1. 按照三元素及其组合规律显示各类电视节目的分类标准

电视节目形态各异,但按照节目内部结构来看,不过就是它们三元素的不同,或者三元素的组合形式不同而已。这样的一种结构分析法可以判断所有电视节目的形态归属。

2. 从本质上揭示各类电视节目分类间的差异

表面看似乎相差甚远的电视节目,从其内部结构来看完全可以是同一节目形态,这种结构分析方法消除了节目形态研究中运用多种方法造成的形态之间相互隔绝的孤立状态,显示出节目形态之间的统一性。

3. 把握节目形态的变化发展规律

三元素是不断发展变化的,它们随着社会的进步和人类认识的深入,特别是电视人对电视节目规律的把握、对观众收视规律的把握而不断进步,它们的每一个进步都将引起电视节目形态的变化。尽管电视节目形态的变化发展是永恒的,但却是有规律的,而且三要素的发展变化及其组合方式也是有规律可循的。因此,未来的电视节目形态发展也是有规律可以探索的,即人们是可以把握电视节目形态的未来发展的。

4. 把握节目形态的创新规律

电视节目形态的不同不再是电视节目表面的差异,而是节目内部结构的本质区别。把握了内部结构的异同,就把握了节目形态的异同;发现和创造独具特征的元素或它们千变万化的组合,就能创造具有个性的节目形态。

四、电视理论研究的障碍分析

节目形态理论研究,是在电视理论研究的范围框架之内,属于电视理论研究范畴。电视理论研究存在着许多困难:有理论研究本身发展缓慢,可供参考的有学术价值的资料严重不足的困难;有电视自身播放的线性一维性,不易收集、保存节目资料进行反复研究的困难;最重要的有人们根深蒂固的那种轻视电视理论研究的观念障碍。

1. 观念上的障碍

"生活中有许多我们不愿严肃的事情,电影就是其中之一。"[①]相比之下,电视有过之而无不及,实际上人们更倾向于把电视看作一个娱乐工具,把看电视与闲聊当作同一个等级的可以互换的休闲娱乐方式:都是了解外面世界的变化,打发茶余饭后的闲暇时间的事。

"之所以很难使电视结构具有可观察性,其中一个原因便是——对许多人而言,在大部分时间内——电视只是一个不被注意的家庭环境……电视主要是娱乐的来源……认真地将电视作为一个研究客体所面临的障碍是,我们并未把我们观看的许多电视节目看成是严肃的,可以推论其结果的或有重要意义的节目。节目制作人本来就没期望这些节目会被认真对待,而这些节目当然也似乎不需要接受仔细分析后方能被观众理解或因此变得有趣。"[②]

可见,收看电视节目是如此普通的事,很少有人认真地考虑它具有的复杂性。从电视节目的生产看,随着数字摄像机的普及,拍摄节目变得非常容易,即使后期编辑,如果数字编辑机普及的话,对一般观众来说也将不再是什么难事。再从节目收视看,任何人都可以成为一个观众,电视人没有专门去教人如何看电视,也没有出现有人不会看电视的情况。在电视普及的今天,许多人在孩提时候就开始看电视节目了,尽管儿童们也得看适合他们看的动画片,成人看的故事片他们是看不懂的,他们理解的是动作而不是意义;但相比如何读书,我们从小就在学习,不专门学习绝对是不可能看懂书的,所以这样看来,电视似乎就

---

① 〔美〕罗伯特·考克尔:《电影的形式与文化》,青青译,北京大学出版社2004年版,第1页。
② 〔美〕罗伯特·艾伦编:《重组话语频道》,麦永雄、柏敬泽译,中国社会科学出版社2000年版,第20页。

太简单了。

收看电视节目很简单,那么,电视理论也简单吗?我们能够看懂电视里的内容,难道我们就看懂电视本身了?驾驶汽车相对简单,我们学开车很容易,但难道这就意味着我们知道了汽车的理论吗?电视内容的简单与其背后节目形态的复杂,就像开汽车很简单但整个汽车原理却复杂无比一样。

由于电视节目本身的线性播放,它按照一维的时间顺序一闪而过,从而使得观众没有反复观看、慢慢琢磨的可能,这也是一个电视人在制作电视节目时不得不考虑的因素,那就是电视节目的内容要尽量让人容易接受。如果觉得电视人是为了避免节目内容的晦涩造成观众收视不畅而特意把节目做得通俗易懂,从而形成了电视简单的观念,那么这全然是一种误解,必须予以修正。

2. 理论上的障碍

在电视理论研究上,我们一直存在着重视务实感性的业务、轻视务虚抽象的理论研究的倾向。当前,关于新闻理论、传播学理论、电视理论特别是电视节目形态的理论研究非常薄弱,可供学习参考的有独创性、原创性和有价值的理论少之又少,即使有也是一些零散的思想火花,缺乏整体性和系统性。节目形态的研究存在概念运用随意性、理解缺乏准确性和规范性等障碍。种种原因造成了电视节目形态似乎是一个众所周知但又说不清道不明、捉摸不定的东西。

电视理论的落后,包括新闻传播理论的落后,其中一个原因就是,我们没有拓宽电视研究的视野,只是拘囿一个就电视论电视的狭小范围。因此,寻求电视理论的突破,首先要把它放在一个更为宽广的科学认识系统中,放在一个人类认识自然、社会的大背景中,从传播学、社会学、哲学等高度来观察电视的发展。同时,我们要借鉴其他学科的科学方法来研究电视,推动电视理论的蓬勃发展。

理论研究越不给力,实践呼唤理论支持的力度与频率就越强,电视节目本体研究的迫切性就更加凸显。如今,电视事业发展迅速,层出不穷的节目让人眼花缭乱。渗入电视节目的外在元素繁多,各个元素又是如此变化多端,千变万化的节目形态让观众目不暇接。这个现状深深刺激着电视研究者去探究节目形态,以期从本质上把握节目形态的规律,让我国电视走出一条节目自主创新的发展道路。

电视节目形态研究的重要性以它作为电视节目的本体地位体现出来,也就使电视节目形态的研究完成了电视研究中的本体研究、最核心的研究。节目形态理论研究将成为电视理论研究的终极目标,其成果将使电视理论在科学性的道路上不断推进。从这个角度说,电视研究也就是节目形态研究,就是建立节目形态理论。如图2-1所示。

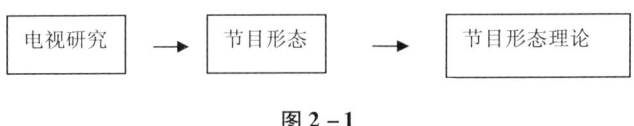

图 2-1

如果说"内容为王"让观众心底震撼,那么就可以说"形态创新"让观众眼前一亮;如果说新闻类节目的制胜法宝是"内容为王",那么就可以说非新闻类节目的竞争法宝是"形态创新"。

五、电视节目形态的特有性

1. 从电视节目的内容看,节目内容不是电视的独特性

"节目形态是电视节目的程序软件,先进的形态设计本身就是电视节目生产经验的精华所在。实际上内容观念是电视之外的东西,形态才是电视节目制作方式的核心。"①以前,包括现在也有些人持有这样的观点,认为"新闻无学",自然持这种观点的人也认为"电视无学"。笔者认为他们之所以说"电视无学",主要是从电视表达内容的角度来说的,电视的价值就在于真实反映社会现实。这句话包含了两个关键词:真实反映和社会现实。对社会现实的研究已经形成了许多领域,这些领域已被划分,各已有所归属,基本不属于电视研究的范畴。电视研究实际上主要涉及如何"真实反映",这才是电视的本体问题。

经济节目的内容不过是关于经济现象的研究、思考,而这种思考不同于其他方式的是,它是运用特殊的电视媒介来表现的。电视经济节目一般选择那些与人们日常生活密切相关的经济现象来探讨,它所探讨的是经济学里相对通俗的、比较大众化的问题。法治电视节目,其内容不外乎有两个部分:一是对法律条文的解释和法律知识的普及;二是利用文学表现手段,通过设置包袱、悬念等讲述一个曲折的法治故事。体育、文艺不管是电视转播还是直播,这些内容仍

---

① 郑蔚:《〈开心辞典〉:在经营中打造品牌》,《中国广播电视学刊》2004年第1期。

然是一场体育比赛或文艺演出,它们还是体育、文艺的现场事件。

当前电视大讲堂很时髦,其内容都是一般课堂教学,只不过电视里的老师注意了故事的通俗性,注意了每一节课(每一集)的故事的完整性和对下一节课悬念的设置。电视编导在节目里增加了艺术因素,如图片资料、电影、电视剧片断等,但万变不离其宗,其内容仍然是在讲一个历史故事。这个历史故事不是电视自己特有的,只有表现这个故事的方式才是电视所特有的。所以,看完电视节目,即使是一些令人难忘的电视节目,从内容上讲,我们也感觉不到任何电视的独特性。如《焦点访谈》是一档反映社会现象发挥舆论监督作用的节目,这些故事、事件报纸也可以反映,它并不是电视专有的,不属于电视的本体范畴。

2. 从节目形态看,它具有电视的鲜明个性

电视节目研究的主要对象是节目形态,节目形态是电视节目研究的本体。从电视节目制作方式或生产方式来看,节目形态是生产的核心,形态提供了适合不同内容填充的框架。对于纷繁复杂的内容世界,电视节目形态是对不同类型进行加工改造的"处理器"。对于社会上发生的种种事件,电视人都可以通过这个节目形态"处理器"转化成观众可以接受的节目,只有这样,观众才能了解节目所表现的事件的故事和意义。

第三章　电视节目形态的系统及结构分析方法

电视节目形态三元结构论是建立在系统分析与结构分析两种方法基础上创建的。研究方法对理论创新的作用很重要，一种方法就能开辟一个新世界，天文学家拉普拉斯(Pierre Simon Laplace)说过"认识一位天才的研究方法，对于科学的进步……并不比发现更少用处。科学研究的方法经常是极富兴趣的部分"。① 生物学家巴甫洛夫(Иван Петрович Павпов)也曾说"初期研究的障碍，乃在于缺乏研究法。无怪乎人们常说，科学是随着研究法所获得的成就而前进的。研究法每前进一步，随之在我们的面前也就开拓了一个充满着种种新鲜事物的，更辽阔的远景。因此，我们的头等重要的任务乃是制定研究方法。"②

系统与结构是两个相互联系、相互依存的概念。结构是系统的存在方式与表现形式，系统之外是没有结构可言的。结构分析是建立在系统分析基础上的对系统基本组成元素及这些元素组合进行分析。

第一节　电视节目的四个系统

系统是事物存在的方式，不同事物属于不同的系统。一个事物在不同的系统中，它的角色、地位、作用将会发生变化。

电视节目的存在可以从四个系统去分析：节目生产系统、节目信号传播系统、节目消费系统和节目产品系统。本书认为决定电视节目形态本质的是节目生产系统。既然节目形态存在于节目生产系统中，因此，电视节目形态的结构问题便转化为电视节目生产系统的结构问题。

---

① 〔法〕拉普拉斯:《宇宙体系论》，上海译文出版社1978年版，第445页。
② 《巴甫洛夫选集》，赵璧如等译，科学出版社1955年版，第9页

一、一般系统概念

系统是由若干相互联系、相互制约的要素或子系统组成的具有特定功能和运动规律的整体。

系统的观点和理论是在近代科学特别是生物科学的基础上发展起来的,生物界的整体与部分关系不再是数学中简单的整体等于部分之和的关系,而出现了要么大于、要么小于甚至完全不同的属性。生物科学中,系统的研究产生了许多令人耳目一新的发现。系统科学同时作为一种科学方法,在应用研究中揭示了一般方法发现不了的许多复杂问题。在系统科学中,整体的性质与部分的性质是完全不同的,并且,当部分从整体中分离出来后,原来的系统会发生质的变化,整体属性的根本变化将导致原来的事物发生彻底变化。现在,系统科学、系统方法已经渗透到了社会科学、自然科学、人类思维等其他领域,人们通过系统内部相互依存的各个部分的关系来探求系统的整体性。

二、电视节目的四个系统

整个电视产业的摩天大楼是以电视节目为中心来构建的,对比物质生产的研究,所有与电视节目有关的现象都可以分解到四个系统之中(如图3-1)。

Ⅰ节目生产系统:组成元素是电视人、技术、现场事件;

Ⅱ节目(信号)传播系统:组成元素是电子信号;

Ⅲ节目消费系统:组成元素是观众、电视节目;

Ⅴ节目产品系统:组成元素是主持人、现场记者、嘉宾、同期声、解说词、音响、音乐、字幕。

三、电视节目四个系统划分的原则及意义

1. 关于节目系统划分的相对性

四个节目系统的划分是对比和参照物质生产的系统而进行的,这种划分标准不是绝对的。在此,我们要特别解释一下节目产品系统划分的相对性:

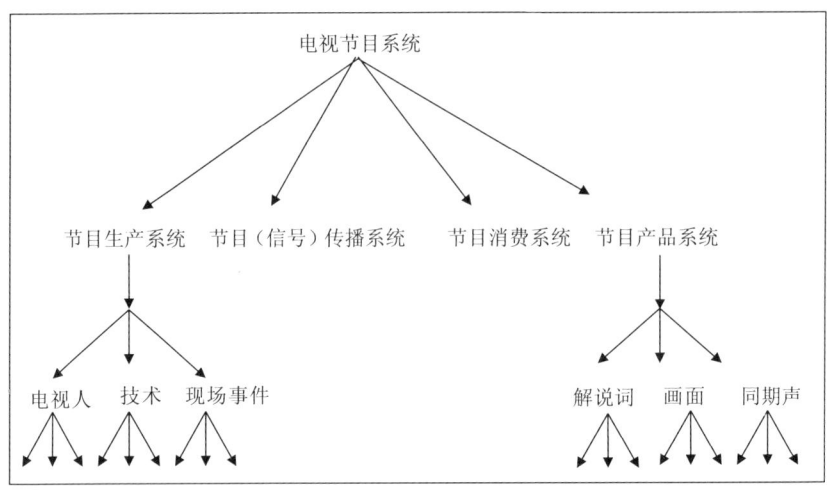

图 3-1

节目产品系统既可以与节目生产系统、传播系统、消费系统并列,组成四个系统,也可以作为节目生产系统、传播系统、消费系统的组成元素,成为下一层面的系统。所谓下一层面,指节目产品系统可以作为生产的对象,构成节目生产的子系统;节目产品系统可以作为传播的对象,构成节目传播系统的子系统;节目产品系统可以作为消费的对象,构成节目消费系统的子系统。

本书采用电视节目四个系统的划分,把节目产品系统单独列出来,主要目的是为了明确节目生产系统与节目产品系统的区别,以便涉及这两个系统的许多问题讨论起来更加清晰、方便。

2. 节目四个系统划分的意义

真理是有条件限制的。所谓限制,指的就是限制在某个系统范围内,超出了所属的系统,真理就可能变成谬论。牛顿力学中研究的速度是限定在低于光速范围内的,在光速的情况下,超出了牛顿力学系统,物体的运动规律就不一样了。欧几里得几何系统是建立在过直线外的一点有且只有一条直线与这条直线平行这样一个基础上的,也就是欧氏几何的第五公设。如果改变第五公设,把有且只有一条直线与这条直线平行改为有无数条直线与这条直线平行,那么在这样的假设基础上,建立的是罗巴切夫斯基-鲍耶几何;如果改变第五公设,把有且只有一条直线与这条直线平行,改为没有一条直线与这条直线平行,那就形成了另外一个几何理论体系,黎曼几何。不同系统中的规律大不相同,在罗氏几何里,三角形的内角之和小于180度;而在黎曼几何里,三角形的内角之和大于180度。在非欧几何系统里,圆周率也不是3.14。

节目四系统的划分就是出于这样一个理念,明确了研究系统,限定了研究范围,进而准确定位讨论对象。

四个系统的划分,从根本上清晰地规范了电视节目四个系统之间的区别和界线,从而使得关于节目形态的许多问题可以限定在节目生产系统范围里,进而使得这些问题,包括一些相关电视节目的复杂问题变得不仅容易寻找研究路径,而且更加条理化、简单化。有了这四个系统,电视节目问题的研究大都可以转化为系统之间的关系,如节目形态、节目生产元素与节目形式、节目构成元素的问题,就可以转化为节目生产系统与节目产品系统的问题。

用系统的观点看,节目生产系统是由电视人、技术、现场事件三个元素组成的,用系统语言来表述,就可以说节目生产系统的子系统是电视人系统、技术系统、现场事件系统。

从表3-1我们看到:在节目生产系统与节目产品系统里,它们的子系统的元素是不完全相同的,有一些元素在两个系统里都存在,有一些元素却只在一个系统存在,而另一个系统里却没有身影。

表3-1 节目生产系统与节目产品系统

	节目生产系统	节目产品系统
	节目形态	节目形式
电视人	管理者(制片人等)	
	直接生产者(不出镜)	
	直接生产者(出镜):主持人、现场记者、现场嘉宾	直接生产者(出镜):主持人、现场记者、现场嘉宾
技术	生产技术(不出镜):直播、摄像机、编辑机	
	生产技术(出镜):	生产技术(出镜)
现场事件	自然现场事件	画面、声音(同期声、音响)
	设计现场事件	画面、声音(同期声、音响)
电视人加入的元素		音乐、解说词、字幕

在节目生产系统中,电视人子系统的元素如制片人这类管理者,作为相对间接的节目生产者,在节目产品系统里是不出现的,甚至一些直接生产者,如摄像、编导,也不会出现在节目中,即不会出现在节目产品系统中(节目播放完毕后面的字幕尽管注明了这些生产角色,但观众收看电视节目时,眼中的内容里往往没有这些人,从这样一个角度来说,我们姑且不将他们视为节目元素,因为他们不出现在节目产品系统中)。

在节目生产系统里,技术子系统的元素大都不会成为节目产品系统中的元素。只有少数技术元素,由于观众的某些需要才特别地融入了节目产品中,而且这些技术也大部分与现场记者、主持人这些出镜电视人有关,如一度出现的电话连线节目。电话采访作为一种技术元素,是可以被观众看到的;而其他技术设备,像摄像机、编辑机等观众一般看不到。

在节目生产系统里,现场事件子系统又可以再分为两个子系统:自然现场事件系统与设计现场事件系统。

节目生产系统分前期生产、后期生产,像音乐、字幕这些元素是后期生产的,某些解说词,如果不是现场记者的,也是后期生产的。

由于明确了节目生产系统与节目产品系统的区别,今后,在本研究体系中,两个系统的基本概念、术语、推演都有一个明确区分。在节目生产系统中涉及的基本概念是:节目形态、生产、生成等;在节目产品系统中涉及的基本概念是:节目形式、内容、构成等。如果在节目生产系统里讨论问题,涉及的元素是生产元素,所研究的是关于节目形态的问题;如果在节目产品系统里讨论问题,则涉及的元素是节目的构成元素,所研究的就是关于节目形式的问题。本研究的价值就在于明确了节目形态属于生产系统并界定了节目形态的概念,使得区分节目形态与节目形式变成了一件容易之事。

根据这样的系统划分,我们很容易界定一些研究范围,让许多看起来很复杂的问题变得清晰和有条理。在节目产品系统里研究电视节目的论著、论文已不少见,如童宁著的《电视节目结构方法》,作者就是在节目产品系统里研究节目的结构问题。本书在写作时虽然以"电视节目形态结构研究"为出发点在构思、收集资料,但实际上,我们一直在节目产品系统中研究节目的结构。在建构全书体系时,有时在生产系统里考虑电视节目,有时又在产品系统里考虑电视节目,经常出现一些思想上混乱的"窜位"现象。在清楚了问题的原因之后,我们便寻找到了节目构成元素与节目生成元素的区别,划分了节目生产系统与节目产品系统的界限。特别是,当最后发现了影响节目形态的三元素,我们才最终确定了本书"电视节目形态结构研究"的准确定位。

在确定了节目形态的研究对象是电视节目的生产系统,确定了影响电视节目形态的三个元素之后,我们便有了准确把握电视节目形态概念的基础,就可以正确判断某些关于节目形态概念正确与否。如《中国广播电视学》中对节目形态的界定是"广播电视节目形态及其运动形式,受广播电视工作者、广播电视技术及其设备和广播电视受众的制约"[①]。这个定义认为电视节目形态的构成要素是电视人、技术、受众,可是对照我们的节目形态结构理论,显然观众不属于节目生产系统中的元素,节目形态的第三个元素不应该是观众(对观众不是电视节目形态的元素这一问题,后面有详细论述)。

为什么节目形态概念中该包含的要素没有发现,却出现了不应该出现的要素?具体地说,就是为什么会出现在节目形态概念里包含了观众而未包含现场事件这样的错误?

我们认为,问题就出现在没有明确研究系统。许多概念的混乱都是由于我们没有明确界定自己所研究讨论问题的系统而造成的,许多没完没了的争论,有时就是因为没有明确所争论的问题究竟属于哪个系统范围,一个没有系统边界限定的问题,自然很难评价、探讨它的对与错、是与非。若把节目形态的研究确定在生产系统,很显然观众不是这个系统的元素,他们作为电视节目产品的消费者,不是产品元素,尽管他们对节目的意见、态度非常重要,但他们的思想不能直接出现在生产过程中,只能通过影响、感染来改变生产系统中电视人元素,这种间接影响最终还是要体现在电视人这个元素上。即使以现场观众嘉宾的身份直接参加节目,此时的他们也已经不是观众,而是扮演起电视人的角色了。

第二节　电视节目的生产系统

我们认为电视节目是以系统的方式存在并将节目存在的系统分为了四个,

---

① 阎玉主编:《中国广播电视学》,中国广播电视出版社1990年版,第374页。

所有这些都是为研究节目生产系统做准备。而节目生产系统的研究又是为了寻找节目生产的基本元素,探求节目形态的来源问题,回答节目形态是随节目生产元素及其组合的变化而变化这一命题。这个命题的解决可以说是从根本上、从电视的本体、从电视节目的内部对电视节目形态的产生、发展、变化规律的一个深刻认识。所以,本节——电视节目生产系统——是所有四个系统研究的核心,对其他三个系统的讨论只是作为一个辅助平台,是为了更加准确地认识节目生产系统,更加深刻地把握节目形态的本质做准备。

一、电视节目生产的特殊性

电视节目属于文本范畴,电视是通过特殊的"节目文本"的形式记录自然与社会、历史与现实的。这个特殊的文化符号通过节目的方式存储于一种特殊硬盘之上。自然界、人类社会是电视节目生产、再生产的基础,它们源源不断地为电视节目提供生产的原料。

电视节目生产的特殊性不仅表现为它与物质生产有许多明显的不同,而且也表现为它与其他精神产品的不同。具体来说,表现在它特殊的认识世界的方式上,表现在电视节目生产系统的开放性、复杂性和专业化等方面。

1. 特殊的文化生产

电视节目的特殊性首先体现在它所采用的技术的特殊性。电视创造了人类文化纪录的新纪元,改变了人类用文字记录现实的方式,它图文并茂,集声音、画面于一体。从文字阅读到视频观看,实现了人类零距离的阅读。

(1)特殊的认识世界的方式

电视不仅是记录现实事件的工具,而且也是认识世界的武器。这个渗透着电视人对现实世界认识的节目文本,成为人们分析和认识自己所处的真实世界的符号和研究对象。这个特殊的认识世界的方式体现在以特殊物质为载体、特殊语言为载体上。

所谓以特殊物质为载体,是指电视节目利用电子技术、数字技术把现场事件转化为技术符号记录在磁带、硬盘(物质载体)上,并通过相应的传输接收技术设备(物质载体),实现信号的发射与接收,最后观众借助电视机(物质载体)来观看被转化为图像、声音的平面影像节目。

所谓以特殊语言为载体,是指电视节目的语言是画面、声音、音响、字幕、灯光等。

电视人作为社会成员,他们认识世界的方式与其他社会成员最明显的不同,是他们注重视觉思维。当然,在电视人认识世界的同时,他们通过视频复制、临摹现实世界,也为观众提供了一个认识世界的不同途径。而且由于电视收视不如文字阅读门槛高,图文并茂,从而为人们提供了一种喜闻乐见的认识方式。

(2)特殊的社会需求

电视作为大众传媒,不仅要适应社会规范的集体需求,而且要适应社会个体的种种心理、生理需求。

一个社会有与其政治、经济、文化相适应的社会规范,这个社会规范又是由特定时代、特定地域的法律、道德、习俗等组成的,它们共同约束社会成员的行为,大众传媒在传播社会规范、引导公众认可、监督公众行为方面具有巨大的作用。通过大众传播,在公众的评议和监督下,不仅个人的具体行为会受到规范,而且社会规范也会逐渐完善、发展。就电视节目而言,选择什么样的内容,即选择什么样的现场事件,目的是为了满足社会的这种需求,为了发挥规范社会行为的作用,并对那些远离社会基本规范的行为进行鞭笞,对促进社会规范的行为进行褒扬。传播社会规范、社会价值是电视节目生产的一个重要目标。

社会需求是通过一个又一个的个体需求体现出来的。观众对社会上发生的奇特、怪异、秘密、趣味的现场事件具有好奇心,总是渴望先睹为快。所以,电视人的第一任务就是把他人不知道的或少数人知道的现实社会发生的现场事件批量生产出来,广泛传播,以达到让最可能多的人知道的目的,满足观众的需求。

(3)技术的专业性

电视产品是电视人通过技术手段把观众想看的现场事件表现为一幅幅附加了声音的画面,表现为一个由画面、声音、字幕等组合在一起的电视节目文本,这个节目文本用来表达影像所对应的现实中的人物、事物,以及整个世界所出现的一切行为及其意义。

电视节目是一个什么样的产品?它是一幅幅通过技术制作、摄像机拍摄的具有一定内涵的画面及画面运动。从磁带技术、电子技术到数字技术,可以说,没有技术根本就不会有电视,也不会有电视节目,更不会有节目形态。节目形态的不同变化背后隐藏的根本因素是技术。我们在电视节目中看到的不是实实在在摸得着的人,也不是他们实实在在的运动,而是这些人的影像及其运动。所以从某种意义上说,电视节目是技术的产物,是技术操作下的影像运动。

2. 节目生产系统的开放性

所谓系统的开放性,是指系统具有与环境之间的物质、能量或信息交换的特性。在电视节目生产系统中,其生产元素:电视人、技术、现场事件,均处在一个与外界不断进行物质交换、能量交换、信息交换的过程中,处于不断的发展变化之中。因而,由这三个元素决定的节目形态是一个开放的系统,这个系统与外界进行着不断的信息交流、反馈。

观众系统是与节目生产系统进行信息交流,反馈最多、最重要的系统。观众系统作为节目消费系统的一个子系统,在消费系统中占有重要地位。从电视节目生产的目的来看,其最终目的是实现节目产品的消费,实现观众收视的最大化是电视人生产节目的理想。因此,观众是否喜欢、喜欢的程度都是电视人必须清楚的信息,而这些信息来自观众收看电视节目的过程中所产生的态度和意见。尽管观众对于自己正在观看的节目无力改变,因为其所观看的节目已经被生产出来,但他们对于该节目的意见却会对电视人生产下一个节目产生影响。

从观众收视节目的过程来看,节目形态的形成过程是一个电视人与观众不断磨合的过程,是一个双方进行信息交流、沟通的过程,是一个彼此不断达成收视协议的过程。正是在这样一个过程中,电视节目逐渐确立了双方均认可的节目形态。假设一开始某一电视节目形态是 T1,根据观众反馈,或者由于收视率问题,将节目形态 T1 修正为 T2,后来逐渐发展过度为 T3、T4,最后就会形成一个相对稳定的节目形态 T。

$$T1 \longrightarrow T2 \longrightarrow T3 \longrightarrow T4 \longrightarrow \cdots\cdots \longrightarrow T$$

图 3 - 2

在节目不断变化的过程中,新元素取代旧元素,新的节目取代旧的节目,这个过程的发展就像图 3 - 2 表示的那样,节目形态 T1 不断修正变化,最终以一种相对成熟的样子 T 稳定下来。

3.节目生产系统的复杂性

通过与其他文化产品比较,我们可以发现电视节目系统的复杂性。电影与电视有许多共性,影视不分家,电视是在学习借鉴电影艺术的过程中成长的。但相对于电视而言,电影是一种比较单纯的艺术形态,即讲述一个有趣、有价值的吸引人的故事。一部电影常常集中描写一个主题,因此也就有了电影的类型片,如西部片、歌舞片、动作片、恐怖片、喜剧片、爱情片……这些类型基本上是按照故事题材和主题来划分的,强盗片集中描写犯罪,科幻片表现超越现实技术的未来社会。电视则不同,它不仅像电影那样,按照故事主题构建节目(电视中的故事我们称为"现场事件"),而且把游离于故事(现场事件)之外的电视人(主要是主持人)、技术手段作为重要的节目元素。电视台销售电视节目时,不仅要销售一个故事,还要"销售"节目主持人、"销售"技术。因此,如果说电影的基本元素都处在同一个层面上的话(所有电影人物都是在扮演故事里的一个角色),那么电视节目的基本元素则分属于不同层面(主持人、技术都在故事的角色之外,属于不同层面)。电影作品作为一件理想化的艺术品,它呈现给人们的是一个完整的作品,具有封闭性和单一性。电视作品则不是纯粹的、单一的故事作品,它可以是现在正在发生的根本不知道其意义和结果的事情,它具有更为复杂的形态。

4.电视节目生产的专业性

电视节目生产的专业性包括两个方面的含义:(1)电视节目制作过程的专业化,采访、编辑、传输各个环节都需要经过职业培训的专业人员;(2)电视节目内容的专业化。电视节目尽管涉及社会、自然的各个领域,但由于电视生产系统的开放性,电视人可以在生产的每道工序都请专家把握,基本上做到每个问题都经过专业处理和加工。比如做一期关于心理学方面的节目,电视台就请心理学专家担任嘉宾参与节目;如果节目的生产工序繁杂,需要精心设计每个环节,电视台甚至还可以聘请管理学的专家参与设计指导。

二、生产过程中的节目形态

通过对电视新闻节目生产的分析,确切地说,是通过电视新闻节目的定义,我们得出,电视节目的生产就是电视人利用相关技术把现场事件表现为一个以声音、画面为符号的平面影像节目,从而概括出电视节目生产系统的三元素,也就是三个基本元素:电视人、技术、现场事件。电视节目形态的千变万化主要在于节目生产基本元素的变化和这些基本元素组合方式的变化。这三个元素的多样性以及这三个元素的不同组合,构成了五彩缤纷的节目形态。这三元素以融合的方式结合在一起,形成电视节目的一根主线贯穿电视节目生产的全过程。

这仅仅是一个理论推演,甚至是一个理论假说。既然节目形态产生于节目生产系统,那么,对于电视人来说,节目形态在节目生产过程中就应该是一个看得见、感受得到的"存在"。问题是如何把这个"存在"展现在我们面前？如何让电视节目生产实践过程中的节目形态、节目形式等表现出来呢？

1. 节目生产系统中的节目形态模型

节目形态是什么？无论是对于电视生产的实践者,还是对于电视理论的研究者,这都是一个难解之课题。最难处理的是,众说纷纭的观点影响到了我们对节目形态准确性的理解。

如果节目形态存在于节目生产,那么支撑节目形态的有关资料、因素也一定在节目生产的资料中可以发现。

比如生产一期谈话节目,电视台将需要一系列生产程序。假设有一台摄像机S,它自始至终跟踪记录着该节目的主要生产过程:

第一步,选题策划及确定;

第二步,联系当事人、嘉宾主持人、现场观众嘉宾;

第三步,节目录制现场;

第四步,节目后期编辑制作;

第五步,节目传输、播出。

摄像机S记录下的是电视人设计、制作该节目的过程,其中不仅包括摄像机S1、S2、S3在演播室录制、最后被编辑播出的节目,还包括节目背后电视人的许多故事。这些故事观众看不到,但这些记录对于人们理解节目却很重要。比如,通过哪些具体的人、具体的事我们从而知道了事件的真实性;通过电视人对节目的组织,包括选择什么风格的嘉宾主持人、什么类型的现场观众嘉宾;通过节目组对话题的策划以及制片人对主持人在节目录制现场对整个话题讨论格调的把握的要求等,我们都可以看出电视人策划谈话节目的种种痕迹。因此,摄像机 S 拍摄的录像文本不仅包括节目文本,还包括该节目的生产方式、生产配方等显示这个节目形态的全过程(如图 3 - 3)。它录下的就是所有支撑节目形态的有关资料、因素,因此,决定节目形态的因素一定就在摄像机 S 录下的资料中。

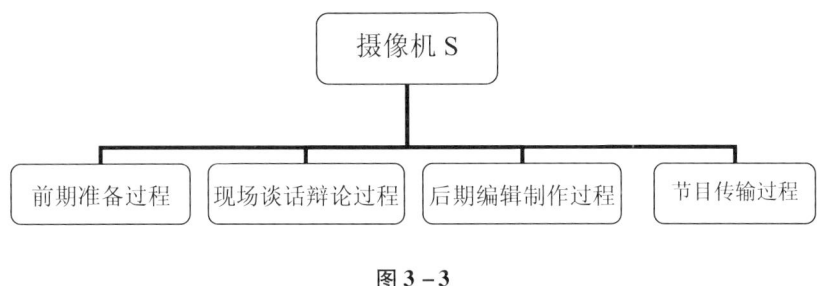

图 3 - 3

全过程记录电视节目的生产,只是限定了节目形态的界定范围,最后能否准确地把握节目形态,还取决于我们是否能在这些杂乱无章的众多资料里去伪存真、去粗取精,抓住节目形态的本质,"提炼"该节目的形态。

2. 节目产品系统中的节目形式的模型

假设有几台摄像机 S1、S2、S3 在演播室录制节目,现场记录主持人、嘉宾主持人、当事人、现场观众嘉宾对话题的探讨,那么摄像机 S1、S2、S3 录制的内容就是节目形式的素材,观众看到的节目形式便是由这些素材构成的。

摄像机 S1、S2、S3 录下的是将要编辑、播出的(谈话)节目素材资料,它完全是一个节目产品,是一个具体的、关于一个问题的讨论过程。观众看到的是,在电视台的演播室里,主持人在叙述故事,大屏幕在播放一些有关画面,让观众了解事情的真相,然后是现场观众嘉宾的评论(见图 3 - 4)。

3. 观众眼里的节目形态

对于电视人来说,任何一档节目的生产过程,或者说节目生产程序,其重要性都毋庸置疑。每位电视人都清楚自己所制作节目的形态。

但从观众的视角看,观众清楚每档节目的形态吗?

有些节目内容会显示节目生产要素,观众通过收看节目就知道其形态,可以判断其节目形态的部分要素。他们看到了主持人,便可以得出这是有主持人的节目的结论;他们还看到现场观众嘉宾,便可以得出这是属于有现场观众嘉

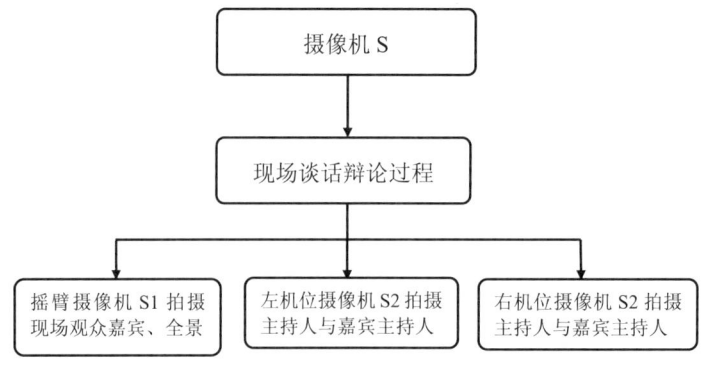

图 3-4

宾的节目的结论。但大多数节目,观众不容易发现节目的生产过程,也就不知道该节目的形态。如"纸包子"假新闻,观众便不能识别这是电视人自编自导的节目。观众关心节目的故事、关心事件的内容,但很少关心节目的形态。只有电视人告诉了观众,观众才能知道其形态。如果一些特殊生产环节很重要,电视人在节目播放中间会告诉观众,如暗拍,他们会在节目下方通过字幕告诉观众画面来源属于非正常拍摄(暗拍即观众常说的"偷拍")。

如中央电视台在《焦点访谈》一周年之际制作了一期节目《在路上》,他们使用了至少两部摄像机,一部紧跟着现场采访记者,另一部则在一辆经过伪装的货运汽车里,这辆汽车外面看来是一辆运输玻璃的车,玻璃外面的人看不见里面的情况,可里面的人可以清清楚楚地拍摄外面的事情。这部隐藏在汽车里的暗拍摄像机的作用,是为了拍到真实的画面。观众看节目是不会知道这个技术的,但在节目中间,主持人把这辆普通汽车的秘密告诉了观众。

正如主持人所说,"在我们制作的节目里,观众朋友不但可以了解到我们采访了些什么,而且可以了解我们是用什么方式进行采访的"。这期特别节目一方面记录了从北京到深圳 3000 公里公路上的种种乱收费现象,另一方面记录了记者一路上艰辛的采访过程,这使观众更具有一种身临其境的感觉,同时也把该节目的形态展示给了观众。

就其内容而言,这期节目可以当作《焦点访谈》的一期正常节目播出,但由于制作者将该节目的生产方式,即节目形态的东西也编辑到了节目中,使得该节目完全脱离了《焦点访谈》的栏目风格,也就是说已经不是《焦点访谈》的节目内容了,所以该节目只好以特别节目的形式播出。

许多节目电视人是不会告诉观众节目的生产过程的,这一方面是因为没有必要,另一方面是不能告诉,最典型的例子就是虚假新闻。

新闻节目是一种节目形态,与它相对立的是虚假新闻,如果不去追究虚假新闻的社会危害,虚假新闻也可以是一种节目形态。它与真人秀节目一样都属于电视人策划的节目形态,二者的区别就在于观众是否知道节目生产的程序(节目形态)。电视人策划出来的真人秀节目内容,观众心知肚明;而虚假新闻,一般情况下观众很难看出节目生产者造假的痕迹。

节目形态的素材模型图(图3-3)虽然非常简单,但从理论上讲,它完全提供了节目形态的素材,从这些素材中,我们完全可以判断其节目形态是什么,如果有一台摄像机记录记者的所有拍摄过程,假新闻节目形态便昭然若揭。

2007年7月8日,北京电视台生活频道《透明度》栏目播出了《纸做的包子》。该虚假新闻播出后,多家媒体转载转播,引起了国内外舆论的广泛关注。后来,当公安人员进行调查生产纸包子的所谓"黑加工点"时,才发现这是一则虚假新闻。如果按照节目形态的素材模型理论,有一台摄像机S记录下了这个节目造假者从构思、策划、组织、运作、制作到完成节目的全过程,这个节目形态也就一清二楚了。

节目形态,对电视人来说是生产方式;对观众来说要么没有价值,要么就是理解节目意义、价值的重要环节。因此,对于这样一些节目,如果其形态对观众来说至关重要,而单凭看节目又不能判断其形态,电视人就应该告诉观众。造假事件,从另一角度说,如果当时告诉了观众这是电视人设计的,其节目形态就从假新闻变成真人秀了。虽然这是一个笑话,因为他造假就是不想让你知道,但说明观众知道节目形态也是很重要的一件事情。

三、生产系统划分和研究的意义

1. 生产系统是节目研究最初的出发点

本书的研究虽然是着眼于电视节目形态,但研究成果、研究思路不局限于节目形态,对整个电视节目的研究也是有益的。比如,我们从电视节目系统的源头来把握电视节目,产生了电视节目的四个系统;从生成节目的元素出发寻找电视节目研究的起点,产生了节目的生产三元素。三元素作为电视节目生产的逻辑起点,也使得节目生产系统研究成为整个电视研究的逻辑起点,使得电视研究有了更加丰富的理论色彩和学术内涵。

节目生产系统研究之所以能够成为整个电视研究的出发点,与它在整个电视系统的中心地位有关。

从电视人这个元素看,与节目产品系统相比,生产系统中的电视人元素比节目产品系统中的构成元素——主持人、现场记者、嘉宾主持人、现场观众嘉宾——涵盖面更广泛,它还包含一些不出镜的摄像、导播、管理者等影响节目生产的重要人员。

从技术元素看,技术作为制作过程中的一个因素,它是影响电视节目生产的一个重要环节,也是决定节目形态的重要元素,但在节目产品系统里更多的时候它是隐形的。

从现场事件元素看,在生产系统中,现场事件是活生生的、新鲜的客观现实;而在节目产品系统中,现场事件作为节目的构成元素,它由现场画面、同期声以及电视人运用的解释性音乐、声音、字幕、图像等组成,是一个平面的影像节目文本,不再是原本的现实。特别是这个制作成节目的文本中还加入了许多电视人的主观认识(主持人的解说、音乐、字幕等),致使节目产品系统不能像节目生产系统那样具有电视节目的初始性和信息的完整性、真实性。

2. 生产系统的确定有利于对节目形态的准确把握

节目生产系统中的生产三元素及其组合决定了节目的形态,这就使得对复杂的节目形态的判断、界定、区分等问题变得比较简单且具有可操作性。

按照前面所说,节目形态是生产元素的函数,即三元素决定节目形态,节目形态是随生产三元素的变化而变化的,三元素及其组合的不同形成节目形态的不同类型。如由电视人元素决定的主持人节目形态、方言类节目形态等;由技术元素决定的现场直播节目形态、虚拟演播室节目形态等;由现场事件决定的自然现场事件节目形态、设计现场事件节目形态等。这样来判断和确定一种节目的形态既具体又准确。

四、节目形态变化的三个规律

任何一种电视节目都是内容与形态的融合体,没有形态的节目是不存在的。但是,并不是所有电视节目的形态都具有普遍性和现实性而成为流行节目。一个成功的节目形态,它必须包含一定数量的决定性、规定性因素。这些因素我们称为结构变量。

1. 结构变量的概念

结构变量是影响并决定一种节目形态的三元素或三元素之一,是决定一种节目形态的本质元素,是区分一种节目形态与另一种节目形态的本质元素。

我们知道,节目形态是电视人、技术、现场事件的函数,节目形态随着这三个元素的变化而变化,这三个元素是自变量,节目形态是因变量。

影响节目生产即影响节目形态的因素很多,有三元素之外的,既不是电视人元素,也不是技术、现场事件的元素,如社会道德、政治制度等。但能够决定节目形态的元素只能是三元素。有的节目形态是三个元素共同决定,有的是其中两个元素决定的,还有些是一个元素决定的。另外,三个元素在各个层面的表现形式也千差万别、多种多样。如主持人元素决定的节目形态中有多种因素,有的节目因为主持人方言、语态、衣着等某一方面特殊,这些特殊元素便成为决定节目形态的元素,即成为结构变量。也就是说尽管节目形态的结构变量限定为三元素及其组合,但它的具体表现形式是多种多样的。

决定一种具体节目的形态的元素只能是 A、B、C、AB、AC、BC、ABC 这七个类型中的一个,因此,由电视人元素 A 决定的节目形态,它的结构变量是 A;由电视人元素 A 和技术元素 B 决定的节目形态,它的结构变量是 A 和 B;由电视人元素 A、技术元素 B、现场事件 C 共同决定的节目形态,它的结构变量便是 A、B、C。

结构变量概念的引进是为了更准确地解释引起节目形态变化的因素。三元素影响和决定节目的形态,但在具体节目中,并不是所有三个元素都会成为该节目的形态的决定因素,只有那个起决定性作用的才是结构变量。所以说,结构变量的限定性比三元素更强,它能够更加精确地把握节目的形态及其变化。

2. 结构变量与节目形态的稳定关系

一种节目形态的形成是因为它有区别于其他节目形态的结构变量,结构变量使得该节目形态具有了个性特质,有了存在的价值。只有当结构变量发生改变,一种节目的形态才会变化。结构变量是与该节目形态一一对应的,结构变量在,节目形态便在;结构变量不在,节目形态便不复存在。

一般情况下,从节目传播与接收的角度来说,我们希望一种节目形态具有相对稳定性。所谓节目形态的稳定性,是指当一种节目形态相对确定时,如果改变其他生产因素,该节目形态不易受到影响并发生改变。下面我们就结构变量对节目形态稳定性的影响进行详细探讨。

(1)结构变量的确定性对节目形态稳定性的影响

一种节目形态中的结构变量与该节目形态具有确定的因果关系,只要具备这样的结构变量,就可以预见出现的节目形态。

一般来说,结构变量的确定性越大,节目形态的稳定性就越强。如决定现场直播节目形态的结构变量元素是直播技术。直播技术的概念很明确,所以它的确定性很强。因为影响其他节目形态的元素只有这么一个,这个节目形态就相对稳定,不论节目里的其他元素(如电视人、现场事件)如何变化,只要技术的传播能够保证观众收看的节目与现场事件的进展同步,就是直播节目形态。

如果从相反的角度表达上述原理,那就是结构变量的不确定性越大,节目形态的稳定性就越差。一种节目形态中结构变量的不确定性,是指这些结构变量与该节目形态不具有确定的因果关系,这样的结构变量容易出现另外的节目形态,或多种节目形态。

(2)结构变量的数量对节目形态稳定性的影响

一般来说,一种节目形态中结构变量的数量越少,节目形态的稳定性越大;反之,结构变量的数量越多,节目形态的相对稳定性就越小。如果一种节目形态中的结构变量如果只有一个,则它比含有多个结构变量的节目形态更稳定。多变量节目形态的稳定性差,原因就是变化因素多,变化的可能性增加了,只要有一个变量变化,就会引起整个形态的变化。

如三个结构变量组成的互联网协议电视,简称网络电视IPTV(Internet Protocol Television),它是宽带网络技术、互联网技术、多媒体技术、通讯技术等多种技术综合作用的产物。它的结构变量包括电视人、技术、现场事件三个元素,相对来说,这种节目形态就不太稳定,它所呈现的节目形态变化将更加纷繁复杂。

第一，电视人元素是一个结构变量。

在网络电视中，传统意义上的观众一改过去的被动局面，积极参与电视节目的生产，变成了电视人的角色。通过网络电视，观众坐在家里就可以边看电视边享受视频点播（VOD）、录播、数据广播、游戏、聊天、交友、银行转账、购物、语音信箱互动增值服务等内容。观众在这样一种节目形态中几乎能处理全部日常生活事务，观众在其中真正享受着、娱乐着。他们自觉自愿、随时随地、不受约束、随心所欲地参与节目生产。

而传统节目生产中是没有观众这个消费者元素进入生产系统的，网络电视中，消费者也成了生产者，双重身份的节目生产模式彻底颠覆了传统传播学的传者、受者概念，这种生产模式必将引起节目形态的大革命。比如，假设参与电视节目的"观众"绝大多数是聋哑人，这个鲜明特色可能会形成我们现在根本想象不到的节目形态。

第二，技术元素是一个多元复合元素。

网络电视应用了宽带网络技术、互联网技术、多媒体技术、通讯技术等许多新型技术，这些技术元素中的每一个都可以成为影响其节目形态的结构变量。

第三，现场事件元素是一个变化因素最多、最复杂的元素。

对于自然现场事件类形态的新闻节目，在网络电视中，由于观众可以非常方便地上网，因而更多的、重要的现场事件的目击者、当事人会参与节目，将一个现场事件的方方面面、前前后后各种信息展示出来。传统的电视节目是电视人单方面记录、寻找线索与事实，网络电视却是观众参与，甚至观众比电视人更加积极，更具有相关事件的话语权。传统的电视节目由于种种原因，往往会在节目中漏掉事件的一些重要人物、关键环节、特殊细节，而网络电视则将事件全方位、多角度、立体地呈现给观众。

对于设计现场事件类的节目，在网络电视中，观众可以参与节目，真正做到了全社会办节目，参与节目的观众具有的智慧都将被投入节目的创作中。观众不仅参与选题、构思、策划等前期工作，而且还参与节目的编辑制作。他们按照自己喜欢的剧情去结构、发展故事，节目更符合观众的口味。从理论上讲，网络电视的节目可以做到让任何观众都满足，只要他具备一定的网络技能。

3.节目形态的周期性发展规律

节目形态的产生、生存、发展、退出都是有一定规律的，影响它的因素既有社会的外部因素,也有电视节目自身的因素,但所有外部因素的影响最后也是通过改变电视节目的结构变量这个内部因素来实现的。

一种新的节目形态的产生,实际上就是新的结构变量的产生。新的结构变量在适应社会需求、求得观众认可的条件下,它所决定的节目形态便会进入电视节目生产系统。在社会适应、观众欢迎的阶段,该节目形态处于一个稳定、发展状态。随着社会的发展和观众口味的变化,那个当时具有生命力的结构变量慢慢变得不再有观众市场时,随即退出市场,其对应的节目形态也随之退出。节目形态的整个周期性变化流程可以用图3-5表示:

图 3-5

将这个流程图分解开来看,它实际包括两个阶段:

第一阶段:新结构变量产生,新节目形态出现,逐渐呈现稳定的观众收视状态;

第二阶段:从稳定的观众收视状态,逐渐出现观众不满的现象,观众开始要求新的结构变量,该节目形态开始进入不稳定状态。

至于从不稳定状态到另一个新结构变量产生这个阶段,这是一个旧节目形态退出、新节目形态产生的过渡阶段,从这一步开始进入又一轮新的循环。下面就形成节目形态周期规律的两个阶段进行具体的分析与解释:

(1)新结构变量→稳定状态

从新结构变量的产生到节目形态处于稳定状态,后者经过了生产创新、稳定发展两个阶段。从新结构变量的产生到节目形态的稳定,是节目形态链条中最重要的一环,它是一个新"生命"诞生与成长的过程,要想保证它的健康发展,应该注意以下几个方面的因素。

第一,新结构变量的产生、发展受一定社会环境的影响。

社会生产、社会生活是新的节目形态产生的源泉,新结构变量的产生是带着一定社会性进入观众视野的,是与一定的社会特性(如历史性、地域性)相联系的。社会实践是人类认识的基础,对电视节目形态的认识来自电视的生产实践,就像科学来源于生产实践一样。"如果说,在中世纪的黑夜之后,科学以意想不到的力量一下子重新兴起,并且以神奇的速度发展起来,那么,我们要再次把这个奇迹归功于生产。"① 新的结构变量的产生、发展也归功于生产实践。

无论是新结构变量的产生还是新节目形态的产生,其背后都有社会生活的影子,都烙有时代的特征。孙玉胜在其《十年》中谈到,1992 年春天,邓小平视察南方后,中央电视台决定拍摄一部大型系列节目反映改革开放的成就。当时,这种电视节目的制作方式就是先写脚本,然后再去拍摄画面。但那时鲜活的中国经济体制改革实践对电视的发展提出了新的要求,那种按照脚本做专题片的相对脱离实际的方法已经落后了,面对实践的呼唤他们几经争论,最后抛弃了死板的脚本,选择了鲜活的纪实形态。《广东行》确实说明了社会实际对节目形态产生的巨大影响。

一个时代的社会生活、社会需求的多样性为电视节目形态的选择提供了多样性,而观众选择的节目形态是与社会发展节奏相同步的、具有时代气息的,与时代最先进的政治、经济、文化的发展相辅相成的节目形态,排斥的是那些落后的、消极的、与社会发展不相适应的节目形态。

节目形态与社会发展的适应或不适应,实际上也就是节目生产三元素——电视人、技术、现场事件与社会发展的适应或不适应。如暗拍②这样一种技术手段,它的出现与我国的电视节目发展相适应,是在电视开始真正作为舆论监督的工具的时候,监督对象不配合甚至阻碍拍摄的情况下出现的。以前,媒体代表政府,新闻媒体都是正面宣传,拍摄对象乐意配合,根本不需要暗拍。暗拍技术带来了与之相适应的节目形态,但是这个节目形态能否存在,还要考虑它与我国的法律、道德等社会规范制约因素是否相一致。尽管在我国的法律中没有对新闻暗拍方式作明确规定,但电视人必须处理好观众的知情权与公民隐私权之间的关系,否则便将陷入不利之境。

第二,新结构变量的产生、发展与节目生产实践的水平相适应。

电视节目的生产水平是直接决定新结构变量的产生、发展的源泉,而生产水平又是由电视人的认识水平、实践能力所决定的,是由电视台的技术设备水平决定的。节目形态是电视人节目生产实践经验的产物,电视人在大量的电视

---

① 〔德〕恩格斯:《自然辩证法》,人民出版社 1971 年版,第 163 页。
② 偷拍,在此指媒体电视台采用的不公开,但不违反社会公德、不与法律相抵触的拍摄方式。

节目生产制作过程中,在不断接受观众对电视节目的评价的过程中,逐渐发现和掌握了电视节目的相似性和差异性,发现和掌握了电视节目形态的规律,并确认、应用了观众认可的节目形态。而观众在不断与电视人的沟通交流过程中,在重复观看具有一定规律的电视节目后,也逐渐确认了节目中那些相对稳定的构成元素,从而接受了电视人传播的节目形态。通过电视人与观众之间的多次相互交流碰撞,双方找到了共同点、契合点。只有把握了这个契合点,把握了新闻传播理论,电视人才能生产出观众认可、喜爱的节目形态。

《广东行》这期节目就契合了上述观点。尽管当时中国的经济改革带动了整个社会的变化,尽管火热的实践需要鲜活的纪实电视节目形态,但如果电视人面对实践呼唤不能给予积极回应,仍然采用专题片的思维,新型的节目形态也就不会出现。当然,以历史的眼光来看,一旦实践的呼唤已经发出,新型节目形态的产生只是一个时间问题,这个时间的长短取决于电视人的意识与理念。

(2) 稳定状态→不稳定状态

电视节目形态的存在发展受社会发展的制约,它要与社会的政治、经济、文化发展相适应;一旦不适应,甚至出现矛盾,原本稳定的节目形态就会发出不稳定的信号。电视媒介作为文化产业,其节目形态首先要与观众所处的地域文化、时代文化及其社会制度、意识形态相一致。随着社会的发展,那些落后于时代的结构变量迟早会在节目生产中萎缩,不被观众认可,导致节目形态出现不稳定状态,直到最后被观众抛弃,最终退出历史舞台。

总的来说,结构变量的变化是永恒的,节目形态的不稳定因素是自始至终都存在的,现实中的三元素时时处在不断变化的过程中,这个变化不仅表现为同一层面的变化,还表现为在不同层次上的变化所导致的节目形态的变化。电视人、技术、现场事件三者只要有一个发生变化,就会影响节目形态的变化;它们三者不同的组合及其变化(包括每个元素的不同层次的变化)也会引起节目形态的变化。

但并不是所有变化都能够引起节目形态的变化,一般来说,一种节目形态形成以后,那些微弱的量变不会影响其相对稳定性的本质特征。当然其稳定性是以观众的认可、接受为条件的,是有限的。它受一定的时间、空间和社会环境等综合指标的影响,这些指标中任何因素的变化均可以引起观众对元素的稳定性产生排斥,要求结构变量元素发生新变化,要求节目形态再创新。当观众不再喜欢这个节目,节目收视率下降到一定程度时,电视人就不得不开始节目形态的创新,推出又一个相对稳定的节目形态,如此良性循环发展。

电视人的变化可以引起节目形态的变化。如主持人语言层次的变化,从普通话到方言的变化就可能形成两类不同的节目形态。方言节目形态是从主流普通话节目形态变化而来的,当它成为一种节目形态时就要保持其稳定性。方言这个结构变量元素在打破普通话这一结构元素一统天下的稳定性前,它是一个变化的元素,而当它成为一个新的节目形态的结构元素时,就成为一个稳定元素了。当然,也许有一天方言节目形态会因为观众收视的减少,最后变成不稳定状态而退出市场。

从历史的观点来看,节目形态的稳定是相对的、变化是绝对的。我们要坚持运用动态的、运动的观点来分析节目形态、认识节目形态,在变化中寻找那些不变的、稳定的规律。节目形态结构研究虽然概括出了影响节目形态的三元素,但绝不是把丰富多彩、千变万化的节目形态简单化、固定化,我们要坚持运动的、发展变化的观点分析三元素及其变化,反对用僵化的、机械的眼光研究节目形态的类型、结构和元素。

第三节 电视节目形态结构分析

一、电视节目形态结构分析概念

1. 结构及结构分析方法的概念

结构是指"事物系统的诸要素所固有的相对稳定的组织方式。两个以上的要素按一定方式结合起来,构成一个统一的整体,其中诸要素之间确定的构成关系,就是结构","结构体现为要素的组合、总合、集合,诸多要素借助于结构形成系统"[①]。结构是系统元素之间相对稳定的相互联系、相互作用的组织方式或结合形式。结构既可以表示现实中那些看得见摸得着的、能够观察到的、作为

---

① 中国大百科全书出版社编辑部:《中国大百科全书·哲学卷》,中国大百科全书出版社1985年版,第358页

复杂系统而存在的具体事物的组织形式,也可以用来描述一个抽象概念或理论体系的组织形式。结构的关键词是"元素"与"元素的组合方式"。

当结构的观点作为一种思维方法使用时,它就成了一种认识工具和认识方法。这种深入事物内部,通过其组成的基本元素及其组合方式来认识事物的有效方法,就是结构分析方法。它是一种非常重要的发现事物本质的科学认识方法,结构分析方法的作用就在于,它使我们透过暂时的现象,通过深层结构发现事物和现象背后的根源和永恒结症,其"视角和方法的启示性是具有持久的、普遍的意义的"①。结构分析的方法研究和解决的问题总是那些已知的却总是含含糊糊、似是而非的东西。

许多科学知识、理论的创新,就是以现有知识原理为元素,通过不同元素、不同的配置方法生成不同结构的理论体系。从这个角度看,一个人科研能力的强弱是与他学术资源的配置能力相一致,"学术思想的运作是一个多方面因素相互配置的问题,智慧表现于配置的方式,而非表现于配置的内容材料。"②

2. 电视节目形态结构及节目形态结构分析概念

结构是系统的存在方式与表现形式,本文认为节目形态结构是与节目生产系统对应的,是电视节目创作和制作的存在方式与表现形式。电视节目形态三元结构论在节目生产系统和流程中分析电视节目形态的产生、变化,研究电视节目形态从哪里来的、如何形成等问题。

电视节目形态结构是指电视节目生产系统中,电视人、技术、现场事件三个生产要素之间相互作用的稳定的联系形式。这种稳定的结构决定节目形态的本质,决定一种节目形态区别于另一种节目形态的特征。而在这种稳定的结构中,不同元素之间的结合方式是不同的,只有那些至关重要的、起决定作用的元素才决定节目形态的性质。那些辅助性的、配合性的元素、元素组合皆不影响节目形态。

电视研究中运用结构分析的方法,其"特别之处就是将各种审美价值问题搁置一边,以便集中讨论产生电视意义的内在规律。"③结构分析方法不去研究

---

① 〔比〕J. M. 布洛克曼:《结构主义——莫斯科—布拉格—巴黎》,李幼蒸译,中国人民大学出版社2005年版,第192页。
② 同上,第194页。
③ 〔美〕罗伯特·C. 艾伦编:《重组话语频道》,中国社会科学出版社2000年版,第24页。

具体节目的内容是什么,只是从电视节目产生系统的内部结构入手,研究节目生产的三元素的运动、变化、组合、分离等问题,寻找电视节目形态产生、发展、变化及其创新的一般规律。

节目形态的结构研究是把握节目形态的内在秘密的方法,是认识节目形态本质的方法。"由于运用结构分析方法,电视批评在对其客观进行描述时就变得更为严谨、更为准确,同时少了一些主观评价。"①

B 结构分析方法也是区分不同节目形态的有效工具。节目形态的不同主要是电视节目中起决定作用的元素及元素组合的不同,主要是电视节目的结构不同。

二、节目形态结构与电视节目创新

1. 电视节目形态七大类型

电视节目形态的变化,不仅取决于节目生产系统的三元素,而且取决于这三元素的组合。假设三元素中电视人元素用 A 表示,技术元素用 B 表示,现场事件元素用 C 表示,那么全部电视节目形态就只能是如下 7 种类型:

A(因电视人元素变化而产生的节目形态)

B(因技术元素变化而产生的节目形态)

C(因现场事件元素变化产生的节目形态)

AB(因电视人与技术两个元素变化共同决定的节目形态)

AC(因电视人与现场事件两个元素变化共同决定的节目形态)

BC(因技术与现场事件两个元素变化共同决定的节目形态)

ABC(因电视人、技术与现场事件三个元素变化共同决定的节目形态)

2. 节目形态创新

一种事物之所以是它自己而不是他物,其决定因素是它的内在规定性,结构就是事物内在规定性的一个方面。不同事物具有不同的结构,结构不同决定了不同事物。通过事物的结构我们可以认识、区别事物。把握了事物的结构元素之后,我们就可以通过拆解、重组结构元素的方式来反复研究事物。

---

① 〔美〕罗伯特·C.艾伦编:《重组话语频道》,中国社会科学出版社 2000 年版,第 25 页。

所谓拆解就是一个打开、破译、认识事物的结构,是寻找和确定事物的组成元素。所谓重构是对拆解得到的事物的元素、元素的结合关系、事物的结构的验证,即通过这些元素及其关系、结构去还原事物原貌,也就是说,通过结构分析方法,人们可以根据其组成元素进行标准化"配料"、流水线作业、成批量生产。

因此,通过结构这个概念,我们可以回答许多关于电视节目形态的问题。如节目形态创新的本质是结构的创新,就是发现新的生产元素和元素的新组合;电视节目形态克隆的本质就是抄袭、照搬了他人的结构或结构的组成元素。

按照节目形态三元结构论的观点,节目形态只有7种类型,节目形态创新首先在电视人、技术、现场事件及其组合中寻找结构元素。但是,在具体节目生产中要准确表达、界定一个结构元素,使得这个元素具有可操作性,是一件很不容易的事情。

这个难度来自于三个元素中每个元素的外延都有无穷无尽的层次,假设我们设计一档结构元素是电视人的栏目,显然在这一个层面上我们确定不了具体节目形态的,必须对电视人这个概念进行细化。如需要确定电视人的学历是小学、初中、高中、大学、硕士、博士;要确定年龄是少年、青年、中年、老年;要确定职业是编辑、记者、制片人、摄像、导演等。电视节目形态的组成元素看起来简单,就三个元素,但每个元素的层次却可以有无穷多,不同层次元素的组合可以无穷无尽,这就是电视节目形态的复杂性的主要原因。

电视节目形态三元结构论具有高度概括性,上面的分析给出了电视人节目形态的一个"全景图",它涵盖了全部或大部分电视人节目形态。在具体节目生产中,只要从这些不同外延的分类中选取一个或多个元素就可以确定其节目形态。如果只取一个元素——博士,就是博士电视人节目形态;如果取两个元素——博士与老年,就是老年博士节目形态;如果取三个元素——博士、老年与摄像,就是博士老年摄像节目形态。当然,这只是一个简单的解释性举例,下面推广到任意情况:

若 A 表示电视人

A_1 表示按照某种标准对电视人进行的第一种分类,出现的结果:

A_{11}、A_{12}、A_{13}…

A_2 表示按照另外的标准对电视人进行的第二种分类,出现的结果:

A21、A22、A23…

A3 表示按照与前面不同的标准对电视人进行的第三种分类,出现的结果:

A31、A32、A33…

当然,按照其他标准对电视人分类,出现 A41、A42、A43…

电视人元素按照不同分类标准形成一个电视人的矩阵,如下:

$$\begin{pmatrix} A_{11} A_{12} A_{13} A_{14} \cdots \\ A_{21} A_{22} A_{23} A_{24} \cdots \\ A_{31} A_{32} A_{33} A_{34} \cdots \\ A_{41} A_{42} A_{43} A_{44} \cdots \\ \cdots \end{pmatrix}$$

图 3-6

图 3-6 中的矩阵元素,提供了所有电视人节目形态的"素材",通过这些"素材"可以构建所有类型的电视人节目形态,或者说任何电视人节目形态的创新,都可以通过图 3-6 矩阵中每行任意选取一个元素,通过从不同行选取的元素组合起来,形成一个确定的电视人节目形态。如果从图 3-6 中选取第一行第一列元素 A12,就是 A12 电视人节目形态;如果还取第二行第三列元素 A23,就是 A12 与 A23 节目形态;如果还取第三个元素,第三行第三列的 A33,就是 A12、A23 与 A33 节目形态。

其他 6 种节目形态的创新也可以运用上述方法,建立相应的矩阵图,在矩阵中每行选取一个元素,通过从不同行选取的元素组合起来,形成一个确定的其他类型的节目形态。

第四章 电视人元素及其对节目形态的影响

在电视节目生产系统中,电视人、技术、现场事件三者相互联系、互相制约、共同作用,组成一个有机整体,缺一不可,但电视人作为电视实践的主体,掌握着每档电视节目的命运,是其中最积极、最活跃的因素,是核心和关键。他不仅是影响节目形态的最直接的元素,而且还通过支配技术、控制现场事件,对节目形态产生间接的影响。

本章主要围绕电视节目的生产,以电视人作为电视节目形态的直接构成元素,分析、认识电视人如何影响和决定节目形态,探讨电视人节目形态的呈现规律,特别是对两个重要的电视人元素,即主持人节目形态、现场观众嘉宾节目形态,进行研究。

第一节 电视人的概念

电视人是指具有一定电视理论知识,借助电视相关技术设备,运用电视思维方式,从事电视节目的采集、制作、传播,为观众提供信息、知识、娱乐等电视节目的工作者。电视人不仅包括主持人、记者、编辑、制片人及相关技术人员等直接生产电视节目的人员,而且包括电视管理工作者等间接生产者。电视人不仅指电视从业者个体,也指电视从业者群体。

一、节目生产中的电视人系统

所有电视人组成了一个系统,这个电视人系统是有层次结构的,假若把外延最大的电视人作为第一层次,把其他具体的记者、编导、主持人、制片人等电视人作为第二层次,再以这些记者、编导、主持人、制片人各自作为一个独立系统,那么他们同样可以分解为更下一个层次系统。

电视人的网状层次结构可以用一个树枝图形来表示。如果用 A 代表所有电视人组成的集合,A1 代表所有主持人组成的集合,B1 代表所有编导组成的集合,C1 代表所有制片人组成的集合,D1 代表所有现场观众嘉宾组成的集合(现场观众嘉宾是特殊的电视人,由于他们参与了电视节目的生产,因而形成了一个现场观众嘉宾节目形态,见本章第三节)。

由于电视人是由主持人、编导、制片人、技术人员等组成的,于是主持人集合 A1、编导集合 B1、制片人集合 C1、现场观众嘉宾集合 D1 便都是电视人 A 的子系统。同样,这些主持人、编导、制片人、技术人员也可以有各自的子系统,也可以分解为更加具体的组成人员。电视人的网状层次结构见图 4-1:

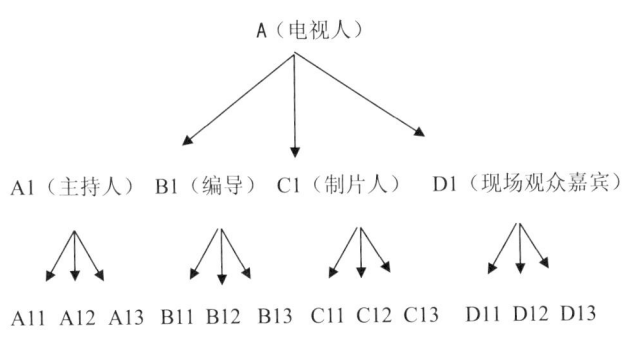

图 4-1

不同层次的电视人可以在不同的层面影响电视节目形态,如果电视人元素对节目形态起着决定作用,成为结构变量,那么就形成了这个层次的电视人节目形态。

在此我们要强调:以下论述都是在一个假定条件下做的推论,即假定这个元素可以成为结构变量(如果能够决定节目形态),是在这样的前提下进行探讨的。也就是说我们暂时不去论证这个元素怎样成为结构变量,不去论述这个元素如何决定节目形态。之所以省略这个环节,一是因为论述这个元素如何决定节目形态,不是本章论述的实践问题;二是因为只有跳过这个环节,我们才能很快地进一步推演后面的结论,否则会影响整体研究。

1. 第一层次电视人节目形态

按照图3-1所示,我们将电视人作为一个独立的系统加以探讨。在这里,电视人作为结构变量决定节目形态,我们称这样的节目形态为电视人节目形态。

任何系统都可以是某系统的子系统,在图3-1中,电视人系统作为节目生产系统的子系统,此时应将电视人与技术、现场事件放在同一层面上加以考虑,它们共同作为节目生产系统的二级系统。电视人节目形态、技术节目形态、现场事件节目形态并列,成为电视节目形态的下一个层面。

当我们说电视人节目形态时,我们实际上是在强调其与技术节目形态、现场事件节目形态的不同,是一个三元素对比语境下的话语。

2. 第二层面的电视人节目形态

按图4-1所示,第二层次的电视人即主持人A1、编导B1、制片人C1、现场观众嘉宾D1……只要这个层面的电视人成为结构变量,便能形成这个层次的电视人节目形态。例如:若主持人在一档节目中是结构变量,而不是其他电视人,我们便称该节目形态为主持人节目形态;若某一特色的现场观众嘉宾群体(本书明确了现场观众嘉宾属于电视人)成为结构变量,决定一种新的节目形态,那么我们就称该节目形态为现场观众嘉宾节目形态。

3. 第三层面的电视人节目形态

按图4-1所示,第二层次的电视人每一个还可以分解为更下一个层次,主持人集合A1、编导集合B1、制片人集合C1、现场观众嘉宾集合D1……都可以有自己的子系统。

二、个体电视人对节目形态的影响

1. 电视节目形态的个性色彩

个人是社会生产的最基本单元,尽管工业社会的批量生产使得文化和艺术作品失去了许多个性,但个人的重要性自始至终仍然是一个不容忽视的因素。

对批量生产的电视节目而言,虽然决定其形态的条件很具体,是一些看得见的元素,但即使同一形态的节目,不同电视人的个性还是会深深地影响节目的生产。在这个竞争激烈的时代,谁能够更深刻地认识到这一点,谁就比对手更多一分取胜的机会。人们常说"文如其人",电视节目的生产、电视节目形态的创新也如此,也同样被打上了鲜明的个人特色的烙印。个人是电视节目生产的最终承担者和落脚点,个人的积极性、创造性直接融入电视节目的生产,直接关系到节目形态创新的成败。

现实中,引进同样形态的境外节目,有的电视台成功了,有的失败了,虽然其中的原因很多,但电视人这个生产者的个性品质肯定是第一原因。

以江苏卫视《非诚勿扰》为例,主持人孟非思维敏捷,语言幽默前卫,节目把控到位,观点平和而中肯,经常闪烁出思想的火花;心理学嘉宾点评独到,常常为节目制造出小高潮;找对象的男女嘉宾则时常语出惊人,有时毫不顾及对方情面,痛快淋漓表达喜恶。

从表面上看,《非诚勿扰》的内容是关于找对象的,许多人将其定义为婚恋节目,但实际上从它的节目形态来说,它是一档大型谈话节目,主持人、点评嘉宾、选手嘉宾"唇枪舌剑"之间流露出的思想内涵以及让人深思的认知、态度和观点,正是这档节目吸引观众的地方。

2. 个体电视人的类型

(1) 节目中观众可以看到的个体电视人

在节目产品系统中,观众可以看到的电视人,即观众在收看节目时在节目里看到的,这类电视人中处于第一重要位置的就是主持人。主持人是电影区别于电视节目的重要元素,生产者作为"销售元素"这一特性是电影所没有的。主持人作为电视节目的生产者进入销售产品,使得电视节目的形态比电影更加丰富多彩。主持人对节目形态的影响将在本章第二节单独论述。

(2) 节目中观众看不到的个体电视人

电视是一个集体创作的产物,大多数生产者是默默无闻的,是不在节目产品中出现的,主编、制片人、编辑、导演、摄像(少数节目有意把摄像拍摄过程展示给观众,以增强现场感)大多以字幕的形式一闪而过。下面只选择制片人为代表,就其概念及在节目形态中的作用展开论述。

制片人这个概念在电影中指出资人或投资人,在电视中则指栏目的管理者和节目创作的决策者。

我国的电视栏目制片人制是随着广播电视的产业属性的被认可,随着电视节目的商品属性的逐步开发而产生的。因为电视剧是最早进入市场的电视节目,所以制片人角色最早是在电视剧的生产人员里设置的。后来电视台的其他节目为了调动生产一线人员的积极性,让栏目的管理者有责有权,也设置了制片人。制片人有相对独立的人事权、财务权和行政权。

《东方时空》的筹备人员孙玉胜回忆说,那时制片人是参照电视剧的名称来定的,"突然有一天,我看到一部电视剧后面的演职员表,几乎是在最后的位置上飞过去'制片人'一行字,我脑子里飞快地闪了一下:制片人?"[①]就这样,他把原先写着组长角色的地方全部改成了制片人。

3. 制片人这个元素对电视节目形态的影响

作为节目创作的管理者,制片人是栏目最直接的领导,他既是上层管理者思想的贯彻者、实践者,又是整个栏目的决策者、实施者,他在电视节目生产中具有重要地位。本文没有涉及更多的管理者,只把制片人看作影响节目形态的众多管理者的代表,通过对制片人的探讨来窥其一斑。

一个栏目管理者对节目形态的影响是宏观的,他的职责首先是组织栏目进行标准化生产,作为一个栏目负责业务、事务的领导,制片人对节目的影响主要表现在两个方面:确定栏目的定位、风格、形态等,统一指挥节目的生产。标准化生产,规定了节目选题方向、问题的切入角度、叙述方式以及素材拍摄、后期编辑的标准;制片人则决定了栏目标准化生产的各个元素、各个细节,决定了此栏目区别于彼栏目的重要特征。标准化生产的各个环节,作为制片人在节目生产前就要烂熟于心,并贯彻落实到每个具体生产者,标准化生产的标准因素必须成为栏目中每个生产者进入操作时必须了解并共同遵守的准则,其中节目形态就是最主要的标准。

三、集体电视人对节目形态的影响

1. 电视节目中观众看不到的集体电视人

电视节目生产是一项分工合作性很强、有序组合的集体行为,节目形态创

[①] 孙玉胜:《十年——从改变语态开始》,生活·读书·新知三联书店 2004 年版,第 377 页。

新一般是集体智慧的结晶。

集体电视人的风格特征一般来说主要由个体领袖的特性决定,但集体的风格特征绝对不等于个体领袖的风格特征,也不等于所有个体的简单相加之和,而是所有组合元素的有机统一。这个统一的集体风格特征将对他们所生产的节目产生一定的影响。

20世纪末日渐崛起的湖南电视,确实离不开其领军人物魏文斌,但是风靡全国的湖南电视节目,不论是《超级女声》《快乐大本营》等栏目,还是湖南卫视、湖南经视等频道,都各有自己的个性和风格,其主要的特点还是集体综合因素的体现。

不同的编导、不同的管理者,他们的个性因素被融合成一个崭新的特征并深深地镶嵌在每档节目的形态之中,隐藏在每种节目形态的背后。《超级女声》的成功绝不仅仅是因为某个策划人水平高,或某个制片人有能力,策划一档这样形态的节目并不神秘,一个水平一般的电视人都可以做到,但其他电视台做这档节目就不一定会成功。《超级女声》的成功是因为这个团队优秀:节目的管理决策人物,上到台长,下到制片人;节目的具体操作人员,从导演到撰稿,都很优秀。他们每个人的管理艺术、电视艺术、创造性思维等才华都与这档节目水乳交融,形成了一个有机整体。

20世纪80年代曾出现过"作家电视"节目形态(有人也叫文学电视)。那时候,许多作家触"电",有的人把写小说转移为写电视专题片,有的人放弃"作协",干脆将工作调到电视台。他们以文学的构思方式来生产电视节目,由于作品的文学性很强,主持人读起解说词来富有激情,很具感染力,听起来也很美,似乎在听一首诗词、一篇散文、一部小说,那时候的观众很欣赏这种风格的电视节目。因此,那个时代,只要有一部优秀的文学作品马上就会被改编成电视片,就像现在优秀的文学作品被纷纷改编成电视剧一样。这种节目的特点就是文学型的解说词先行,文学作品是电视专题片的基础,解说词确定后再确定它接下来拍摄的画面。因而形成了一种观点,认为电视节目特别是专题片是解说词为主;反对者则认为电视节目是以画面为主的。之后这两种观点还进行了一段时间的讨论,不过现在没有人再提这样的话题了。

"文学形态"的电视节目是一个历史产物,20世纪70年代的"文学热"是伴随着"科学的春天"一起来到中国大地的。80年代,"一切向钱看"引发了"快餐文化"热,几百元钱的文学作品稿费被动辄几千、几万的电视剧稿费冲击,"文学热"降温,"电视热"起步。此前处于弱势的电视急需各种力量的支撑,电视人向发展成熟的文学借力,向文化精英聚集的作协求助,而受众对文学的欣赏也正好从纸媒体过渡到电视媒体。于是,电视实现了软着陆。

文学与电视之间的关系是永远扯不断的,从新闻学科作为文学的一个分支起(现在许多新闻传播系仍然设置在文学院中),电视表现便离不开语言、文字。二者关系如此密切,以至于出现了文学电视这样一个特殊产物。作家电视(文学电视)在中国存在了近10年时间(20世纪70年代末至80年代末),但最繁荣的时期不过三五年。尽管作家电视(文学电视)这种现象在电视的历史长河中存在时间太短暂,但这群人对电视的影响还是颇有研究价值的。

与作家电视(文学电视)模式相同的现象是,20世纪90年代曾出现过一段时间"报人电视"。所谓的"报人电视",是指"正在或曾经从事报刊业务的人员参与电视节目制作而产生的新的电视节目形态,也指虽没有参加过报纸实践但能够理解报纸特点的电视从业人员,有意识地借鉴报纸经验所开发的新的电视节目制作方法"①。"报人电视"也是一个特殊的历史产物,是报纸从发展巅峰开始滑坡,相比较而言,电视仍然处于上升势头,电视人向报人学习、借鉴的一段佳话。

上面所说"作家电视"节目形态和"报人电视"节目形态,都说明了集体智慧在电视节目形态中的体现,从而形成了一个电视人团队、电视人整体。

2. 电视节目中观众可以看到的群体电视人

电视节目中观众看到的电视人群体主要是频道的主持人团队和栏目的主持人团队。

电视节目中观众能看到的另一个电视人群体是特殊的电视人集合,即人们平时常说的现场观众嘉宾,他们是一个可见的、不断变化的电视人团队。广义的电视人应该是所有电视节目的生产者,它不仅包括电视台固定的员工,而且包括各种临时工。在对电视人的研究中,我们发现了一群非常重要的"临时工"——现场观众嘉宾。在此特别需要明确强调其电视人的角色。他们作为电视台体制外的"员工",承担着越来越重要的节目生产任务。关于现场观众嘉宾对节目形态的影响,我们放在本章第三节单独论述。

---

① 孙玉胜:《十年——从改变语态开始》,生活·读书·新知三联书店2004年版,第55页。

第二节 主持人类型及其节目形态

一、主持人的类型及其节目形态

1. 主持人的概念

与主持人对应的英文单词有 anchor man、host、news reader，它们的不同主要是由于节目生产中主持人的作用不同而导致的，不同的作用所产生的节目形态不同，因此可以说，是由于主持人的不同而导致了节目形态的不同。

anchor man，这样的主持人是具有 anchor 作用的人。anchor 的中文意思为"锚""支撑物""制动器"，具有把事物固定、稳定、平衡的作用。这种特性的主持人决定了他在观众中的威信和可信度。这样的大腕主持人一般主持那些世人关注的，影响整个社会政治、经济、文化等国计民生的重大问题的节目，如果他们出现在娱乐节目中就会成为笑话，像《60 分钟》的几位大牌主持人就是 anchor man。

host 的中文意思是"主人""东道主"，中文的动词解释是主人招待客人。这样的主持人所处的环境氛围显然与 anchor man 截然不同，后者是严肃、庄重的，前者是亲切、亲和、开心的。从谈话内容来说，后者负有重大社会责任，传播影响举足轻重，言辞必须严密谨慎，前者相对来说比较轻松，几乎可以畅所欲言。中央电视台《实话实说》栏目原主持人崔永元就是一个类似 host 的角色。

news reader 是新闻播音员，这类主持人的特点重在读、说、念功能。中央电视台《新闻联播》栏目的罗京、李瑞英，凤凰卫视《天天有报》栏目的杨锦麟都是这类主持人。

就媒体之间的区别而论，电视是主持人媒体。"虽然报纸有主笔或撰稿人，广播电台也有主持人，但任何媒体都没有像电视媒体这样依赖主持人。"[①]

主持人是电视节目人格化传播、人际传播的表现。所谓电视节目的人际传播，是指主持人与观众通过电视节目所建立起的一种虚拟的人际交流。在这种交

---

① 孙玉胜：《十年——从改变语态开始》，生活·读书·新知三联书店 2004 年版，第 360 页。

流中，主持人如同身处真实的人际交流环境一样，把自己的才智、风度、个性、魅力全部展示给观众。在一般的物质生产系统，产品中是不含有生产者这个元素的，即产品销售一般不会把生产者也卖出去。可电视节目在作为产品被卖出时，会顺便把节目主持人也"卖"了，因为主持人就是节目产品中的一个元素，是一个有机组成部分。

既然主持人作为产品的一部分被销售了，在电视节目作为产品销售时，其价格首先包含了节目主持人这个元素的价值。与其他电视人相比，主持人在节目中这种看得见的直接价值，就使得电视台的名主持人比其他电视人的收入更高。在西方国家，名主持人就像名球星一样，他们不菲的身价是公开的。

电视人中，对节目形态影响最明显的是主持人，他完全可以影响并决定一档节目的形态。重庆卫视的品牌栏目《拍案说法》，主持人是"知情人、说书人、谈话人"三个不同角色的综合，由于该主持人的特别设计，尽管其在内容方面与同类节目没有什么很大区别，但该节目一出现就给观众耳目一新的感觉，逐渐形成了一个相对稳定的节目形态。再如近年来主持人采用方言主持节目，这类节目相对传统的普通话节目也形成了一个不同形态。下面本书就来具体分析主持人的不同对节目形态的影响。

2. 主持人节目形态的几个具体类型

(1) 根据主持人的年龄分类，可以有儿童主持人节目形态、老年主持人节目形态。①

若 A_{11} 代表儿童主持人，假设儿童主持人成为结构变量，则形成儿童主持人节目形态；若 A_{12} 代表老年主持人，假设老年主持人成为结构变量，则形成老年主持人节目形态（见图 4 - 2）。

(2) 根据主持人的服饰变化分类，可以有奇装异服主持人节目形态、裸露主持人节目形态。

若 A_{21} 代表奇装异服主持人，假设奇装异服主持人成为结构变量，则形成奇装异服主持人节目形态；若 A_{22} 代表裸露型主持人，假设裸露型主持人成为结构变量，则形成裸露主持人节目形态。

---

① 并非所有不同的年龄段都可以形成一定的节目形态，而是只有当这个年龄段成为影响电视节目形态的结构变量时，它才形成不同年龄主持人节目形态。制片人、现场观众嘉宾也一样，只有当他们成为结构变量时，才形成相应的电视人节目形态。

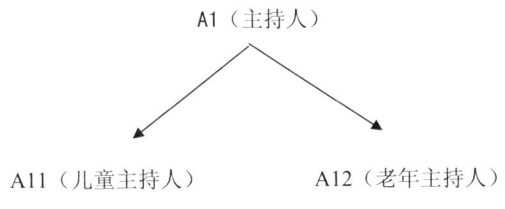

图 4－2

(3) 根据节目中主持人的数量变化分类,可以有单人主持人节目形态、双人主持人节目形态和多人主持人节目形态。如《梦想成真》由李咏一个人单独主持,《新闻联播》由一男一女两位播音员主持,而一些晚会则由多位主持人主持,如 1992 年的春节晚会由赵忠祥、倪萍、杨澜三人共同主持,1984 年的春节晚会则由姜昆、阿原、姜黎黎、陈思思四人共同主持。

若 A31 代表多位主持人,假设多位主持人成为结构变量,则形成多位主持人的节目形态;若 A32 代表一位主持人,假设单个主持人成为结构变量,则形成单人主持人节目形态。

(4) 按照主持人的语言不同分类,可能有方言主持人节目形态、说书腔①主持人节目形态。

若 A41 代表方言主持人,假设方言主持人成为结构变量,则形成方言主持人节目形态;若 A42 代表说书腔主持人,假设说书腔主持人成为结构变量,则形成说书腔主持人节目形态。

不同特性融合的主持人节目形态:按照上面的四种划分标准,就形成了四个层面的主持人结构变量,相应就形成了一个四层面的主持人节目形态矩阵,如图 4－3 所示:

$$\begin{pmatrix} A11 & A12 \\ A21 & A22 \\ A31 & A32 \\ A41 & A42 \end{pmatrix}$$

图 4－3

---

① 说书腔其指主持人用说书的语调、语态播新闻,这种富有市民气息的播音风格与"新华体"播音的新闻联播形成了鲜明对比——作者注。

在图 4-3 中,任何一行中的任何一个主持人元素都可以与另外不同行的主持人元素组合,成为新的结构元素,构成新的节目形态。如全部是第一列的主持人元素组成新的结构变量 A_{11}、A_{21}、A_{31}、A_{41},它们形成的是奇装异服、方言、多人、儿童主持人的节目形态。

前面我们列举了四类主持人,这仅仅是四种较常见的类型,实际上还有很多类型。

比如,按照主持人在节目中是否兼任其他角色来分类(有主持人兼制片人的节目形态,这样的节目中,主持人不仅要完成自己在节目产品中的主持功能,而且还是整个节目生产的策划者、组织者)。

再比如,按照主持人所在场地的不同来分类:

①演播室主持人节目形态

"主持人在相对固定的演播室,在展示相对固定的背景和节目标志的活动空间内,以大致相同的方式为观众主持节目。"①

②现场主持人节目形态

主持人在事发现场,从时间、空间上紧随事件的发生、发展,对当事人、见证人进行采访。换句话说,"主持人接受着现场空间的直接刺激,并在走动的过程中将自己的观察(而不是别人的观察)用自己的语言(而不是别人的语言)描述出去,观众欣赏这种运动的画面,虽然也能看到现场空间,获得形象感知,但他们同时也期待着报道和讲解,尤其是即兴的,侃侃而谈"②。观众随着主持人对现场事件的讲述和分析,获得一种身临其境的现场感与真实感。

③现场与演播室交错的节目形态

大多数重大事件的直播节目采用这种节目形态,演播室主持人与现场主持人(现场主持人可以是多位)共同完成节目的播出,但整个节目的主控权在演播室主持人手里。现场事件特别是一些突发事件的直播,不可控因素非常多,当现场出现断点、衔接困难的现象时,演播室主持人掌控话题的水平就显得非常重要了。演播室的主持人与嘉宾通过相关话题的多少、谈话时间的长短来控制千变万化的现场,使节目永远保持顺畅的传播状态。如果演播室的主控权设置

---

① 中国应用电视学编辑委员会、北京广播学院电视系学术委员会编:《中国应用电视学》,北京师范大出版社 1993 年版,第 691 页。

② 同上,第 692 页。

和应用不当,节目就很难成功。

1997年的香港回归电视直播,当时就采用了现场与演播室主持人交错的节目形态,那是中央电视台直播史上第一次遇到如此高难度的任务。在报道前,有关部门告知节目组驻港部队在口岸办理入关手续的时间是15分钟,可实际上的入关时间花了40多分钟。无论是演播室的主持人水均益还是现场主持人白岩松,都是按照15分钟做的准备,而实际时长多了20多分钟,这就完全打乱了计划,因而出现节目播出的不尽如人意的情况。[①] 这说明影响节目形态的元素越多,对节目形态的把握就越难,现场与演播室主持人交错的节目形态尽管只有两个元素发生变化,但已经是一个复杂的系统工程了。在后来的类似节目中,就要为演播室主持人与嘉宾准备更丰富的谈话素材,以应对计划外的各种变化。

3. 一般类型的主持人节目形态

假设有许多主持人节目形态,即这些主持人元素都是结构变量,我们研究在这种一般情况下,主持人节目形态会有什么样的规律。

按照某一种标准分类,主持人有 A_{11}、A_{12}、A_{13}、A_{14}……

按照第二种标准分类,主持人有 A_{11}、A_{12}、A_{13}、A_{14}……

按照某三种标准分类,主持人有 A_{11}、A_{12}、A_{13}、A_{14}……

按照某四种标准分类,主持人有 A_{11}、A_{12}、A_{13}、A_{14}……

……

假定在上面的体系划分中,所有不同划分的每个标准之间不相容,没有相交元素,分类标准之间相互独立,每个主持人元素都是结构变量,那么他们相应都可以形成自己那个层面的一个主持人节目形态矩阵,如图4-4所示:

$$\begin{pmatrix} A_{11} & A_{12} & A_{13} & A_{14}\cdots\cdots \\ A_{21} & A_{22} & A_{23} & A_{24}\cdots\cdots \\ A_{31} & A_{32} & A_{33} & A_{34}\cdots\cdots \\ A_{41} & A_{42} & A_{43} & A_{44}\cdots\cdots \\ \cdots\cdots & & & \end{pmatrix}$$

图4-4

[①] 孙玉胜:《十年——从改变语态开始》,生活·读书·新知三联书店2004年版,第241-242页。

在图 4-4 中,每一个主持人元素都是结构变量,都可以形成自己的节目形态。同时,任何一行中的任何一个主持人元素都可以与另外不同行的主持人元素组合,成为新的结构元素 A1a、A2b、A3c、A4d,进而构成新的节目形态。所谓任何一行中的任何一个主持人元素,是指按照某一个标准分类,只能选择其中一个;所谓与另外不同行的主持人元素组合成为新的结构元素,是指按不同分类标准划分的各主持人元素可以组合成为新的结构元素,进而构成新的节目形态。

第三节　现场观众嘉宾
——概念及其节目形态

一、现场观众嘉宾的概念及其研究的重要性

1. 现场观众嘉宾类节目的发展历史

我国现场观众嘉宾类节目的产生、发展历史大致可以分为三个阶段:

第一阶段——萌芽期。

最早出现现场观众的节目是中央电视台第一届春节联欢晚会,这是现场观众出现的标志。但是现场观众并没有真正参与到节目中,他们还只是烘托节目气氛的一种摆设,这种情况一直持续到了 20 世纪 90 年代初。此时,"受众参与式"的概念还没有被引入电视节目中。

第二阶段——发展期。

20 世纪 90 年代,现场观众开始真正参与电视节目,其作用发生了巨大的变化。典型事例是 1996 年开播的《实话实说》,"受众"可以直接参与到与主持人、嘉宾的对话中,介入节目话题的讨论。这一时期,"受众参与式"节目迅速发展。

第三阶段——成熟期。

"受众参与式"节目成熟的标志是电视交友节目的出现及游戏娱乐节目的广泛兴起。从湖南卫视的《快乐大本营》节目开始,电视游戏娱乐节目开始在全国大范围流行起来。在这一时期,现场观众发挥了巨大的作用,因为节目参与者的文化水平、表达方式在节目中不被约束,让受众产生了参与的双重性,行为上的直接参与和思想上的间接参与,从而激发了观众无比强烈的参与热情。

现如今,"受众参与式"节目已是电视节目的主要形态之一,专家也把这种节目作为体现以"受众为中心"传播理念的主要表现形式。而广泛出现在"受众参与式"节目中的一种受众群体——现场观众,也呈现出了新的特点;他们已经从最初的被动欣赏者、陪衬者变为了今天具有主体意识的被欣赏者、表现者甚至决策者。

在谈话节目中,现场观众的地位可以分为三种:几乎不参与节目,部分参与节目,成为节目不可分割的元素。

在观众几乎不参与节目的情况下,节目的主要内容是主持人和嘉宾之间的对话,镜头也只围绕在他们周围,现场观众大多不允许说话,节目中几乎感觉不到他们的存在,为了避免节目画面的单调才会偶尔把镜头转向现场观众。观众只有在特定的情况下才能发言,并且要求遵守规定,观众如同场内的布景一样,只起陪衬作用。观众出现在现场的作用得不到体现,让人觉得他们的参与只是为了让他们近距离地观看主持人和现场嘉宾进行交谈。

在观众部分参与节目的这类情况下,观众的存在形式是目前谈话节目中最为常见的。观众不再是节目现场中无声的布景,而是开始逐步地参与到节目的制作过程中。虽然和主持人、现场嘉宾比较起来,现场观众还处于次要的地位,但是他们已经开始拥有自己的部分话语权了。很多节目在最后往往会增加与观众互动的环节,例如请观众提问,这样观众参与谈话的机会增加了,观众参与节目的要求满足了,时间的空缺也填补了。在此类情况中,虽然现场观众与嘉宾交流的比重有所增加,但主持人与嘉宾之间的谈话依旧是节目想要表达的主题。

在观众成为不可分割的节目元素的这类情况中,观众的地位得到了提高,和嘉宾一样受到重视,成为节目内容中不可缺少的一部分,彻底告别"无声布景"的地位,观众可以参与表演节目,充分展示自我。不少娱乐谈话节目在这方面表现得比较明显,它们重视观众,让观众在参与节目时感觉到参加节目的乐趣。主持人虽然仍是节目的掌控者,起串联节目的作用,但从另一个角度上来说,他们也变成了现场嘉宾和观众表现的鉴赏者、倾听者,也是现场嘉宾和观众思想的引导者。这样的节目不仅给了每位嘉宾足够表现自我的机会,又给了现场观众充分发挥自我的空间,架起了观众与嘉宾之间互动的桥梁。

2. 作为电视人范畴的现场观众嘉宾

(1) 概念界定

对电视人的准确界定是随着电视实践的不断发展和电视理论的不断深入而变化的。广义的电视人包括所有参与节目生产的人员,不仅指观众在节目产品中可以看得到的那些主持人、现场记者等,也指节目产品中观众看不到的所有参与节目生产系统的编辑、技术等幕后工作人员。电视人作为一个节目生产元素,在电视产生初期,内涵是比较单一的,仅限于那些在电视台工作的专职人员。后来,电视节目的生产方式发生了许多变化,如邀请社会力量办节目,或邀请嘉宾与主持人共同主持节目,或邀请大量的现场观众和嘉宾坐在演播室与主持人配合完成节目;更有甚者,电视台把一些文化娱乐节目承包给文化公司去完成节目的生产制作。因此,今天电视人的概念远不是一开始所指的那样,其内涵已变得非常广泛。为了准确地理解今天电视人的概念,本书将从"现场观众是电视人还是观众?"这个问题出发,对电视人的概念进行深入的分析探讨。

"现场观众"一词最初是指那些在体育比赛、文艺演出等活动现场而非通过电视录播或直播的方式观看比赛或表演等节目的受众。本书的"现场观众"一词仅限于电视这一媒介范围,它是指根据节目特性和要求,被电视节目的策划者、生产者邀请到节目录制现场参与节目制作的人。如谈话类节目《实话实说》、娱乐节目《非常6+1》、益智类节目《开心词典》等,在这些节目的演播现场总有一个与主持人配合的群体,他们或来自学校,或来自工厂、企业,这些人就是大家所称的"现场观众"。

(2)"现场观众"称谓所引起的悖论

"现场观众",顾名思义,首先是观众。在电视传播系统中,观众是指收看电视节目的人。

在电视节目生产系统中,"现场观众"指的是在节目录制现场与主持人一道做节目的人,他们是节目生产者,而不是观众。

上面两种解释导致了"现场观众"既是观众又不是观众这样一个悖论。

我们先从电视"观众"入手进行剖析:"电视观众"是指通过电视机收看电视节目的受众,他们通过观看电视节目来打发闲暇时间或获取所需信息;而"现场观众"则指在电视节目制作现场观看表演或比赛等节目的人,他们也属于观众。但这样理解就会出现一系列问题：电视节目正在现场制作中，还没有播出，也就说还没有产生出该节目的观众，哪里来的现场"观众"？若节目是录播，后来在播放时这些现场观众确实看了节目，可以说他们是观众；但若他们并没看节目，或者事实上他们根本就不能看直播节目，他们又怎么会成为观众？结果就出现这样一个悖论：把没有观看该电视节目的人叫做了"观众"。

这个悖论的发现不是一个咬文嚼字的游戏结果，而是因为本书将电视节目的研究划分为了四个系统：节目生产系统、节目传播系统、节目消费系统和节目产品系统。在电视节目生产系统内只有电视人、技术、现场事件三元素，根本没有观众这个元素。观众在电视节目的生产系统中不是直接元素，至于观众作为一个间接元素通过影响电视人而影响节目，那另当别论。节目生产系统的元素中是不含观众这个消费者的，观众这个元素应该是消费系统的主要元素。但是当我们研究电视节目生产的过程时，特别是研究节目形态等生产性问题时，许多论文、论著中经常会出现"现场观众"这个元素。电视节目还没有播放，制作还正在进行中，当然也就不会产生观众消费者，将"现场观众"当作观众的观点肯定存在偏颇。

电视节目生产与一般的物质生产一样，都是通过产品的销售来实现盈利的，只是具体手段有所不同。电视节目产品的价值，是经过电视人的节目采集、制作等生产环节，通过电视人的发射、接收等流通环节，最后通过观众观看节目的消费环节来实现的。与一般物质生产不同的是，电视节目的销售不仅可以像物质产品那样直接向观众收费（有线电视转播模式），而且可以通过广告客户在节目中插播广告间接向观众收费（这种模式是广告客户通过向电视台投入广告费来换取观众收看广告节目的时间，也就是观众用收视广告节目的时间换取免费收看电视台节目的权利）。当前，我国的电视台主要依靠后面这种模式盈利。

在观众收看广告节目的过程中，电视人把观众变成了广告产品的直接消费者或潜在消费者，实现了用电视节目与观众交换时间，用变相向广告主售出观众注意力换取盈利的目的。按照这种模式，电视台、广告客户、观众三方形成了一个维持节目生产正常运营的三位一体的合作体。要保证这种合作顺利进行，就要不断地完成电视台、广告客户、观众三方的"协议"，广告客户负责提供资金，电视台负责提供节目，观众负责收看节目。只有三方各自完成任务，履行对另外两方的承诺，电视节目的运行才能够顺利进行。从这个角度讲，观众是通过付出一定的时间,通过收看电视节目,才成为审美享乐、信息获取的受众的。而在电视节目制作现场的"观众"却没有收看广告节目。更何况,观众通过电视机收看到的电视节目有所谓的现场观众的身影、声音,这些"现场观众"是配合编导或主持人完成节目制作的人员。

(3)"现场观众"不是"观众"

"现场观众"与"观众"二者存在很大区别,"现场观众"不是"观众"的理由主要有以下三点:

第一,"现场观众"没有与电视台(电视节目)签约成为真正观众。

按照丹尼尔·戴扬、伊莱休·卡茨的观点,一个人之所以被叫作观众,是因为他与电视台签约收看你的节目,每收看一次你的节目就是一次签约,不看你的节目而换成其他电视台的节目,就表示他与你协约终止而与另一家电视台签约开始。一个人同意签约就是你的观众,不同意签约就不是你的观众。现场观众没看到你的节目播出,就是没有与你签约,他也就不是观众。[①]

2006年,上海文广新闻集团总裁黎瑞刚在北京大学做《颠覆电视》的演讲,在谈到现场观众时他说,为了观察演播室里现场观众状态的变化,他花了大量时间观看《我型我秀》《莱卡—加油!好男儿》,他发现现场观众与传统的节目观众有很多不同。后者在观看节目时是坐在座位上的,个个都安安静静地看舞台上的表演,最多是在节目的间隙或高潮部分有礼貌地鼓鼓掌。但在今天,现场的观众是不坐的,有座位也不坐,长达几个小时的演出都站在那儿,一边观看表演一边还要尖叫、流泪,甚至还表演。这就是今天的现场观众,他们在积极参与节目并将自己融入节目,电视导演也不停地把镜头切换给他们,展现他们的"表演"。因为在编导的潜意识里已明显地认识到这类观众对节目的好坏所起的作用,在无形中已将他们视为电视人。这里也说明,即使都是现场观众,今天的现场观众更多的成分已是电视人了。

当节目与现场观众的互动已经完全成为节目本身的一个构成部分时,"现场观众"的内涵就发生了根本变化,只要他们参与了节目制作,他们就成了节目的元素,就成了节目产品的构成部分,那么"现场观众"也就变成了电视人,不管他们是在演播室还是在其他现场。2006年,湖南卫视《津津乐道》节目有一个

---

① 参见丹尼尔·戴扬、伊莱休·卡茨:《媒介事件》,麻争旗译,北京广播学院出版社2000年版。

规定环节,是由场外观众直接对着镜头讲笑话,节目与观众的互动已经完全成为节目本身的一个构成部分。不管其形式如何变化,都不影响我们对讲笑话的人与"现场观众"一样是电视人而非观众的界定。

第二,现场观众没有与广告商达成协议成为正式观众。

任何人可以对观众的概念含糊不清,但广告商必须将观众概念搞得清清楚楚,他们必须准确地断定某些人是不是观众。因为广告商支付电视台的广告费是按照收视率、收视人数确定的,电视台与广告商议价的"资本"就是收视率;或者说,观众是电视台向广告商议价的砝码。当观众花时间去观看节目的时候,观众就已经与电视台建立了一种无形的经济关系,或促成了电视台与广告商的一种经济关系。电视台把电视节目中的广告推销给了观众,广告商得到的是吸引观众购买的机会。观众的潜在购买就等于广告费的回报。所以,一个人是否是某节目的观众,对于电视台和广告商都是至关重要的,直接影响到电视台与广告商之间的合作价格。

广告商、电视台、观众三者的经济关系处于一个制约状态:

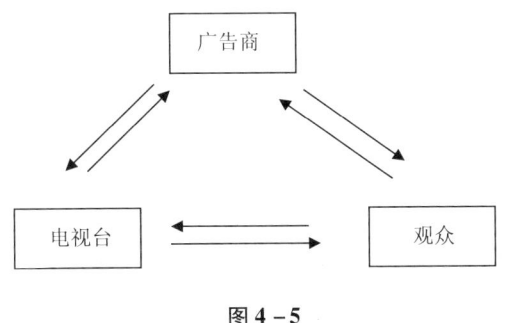

图 4-5

广告商按照各档节目的观众多少来计费,并付给电视台费用,继而再从观众那里获得产品的销售收益。美国尼尔森媒介调查公司采用抽样调查方法,在互联网上每周发布一次电视节目收视率情况报告,这些数据已经成为电视台广告收费的重要依据。张允若在《美国电视的新近印象》中列举了这样一组数据:ABC 的游戏节目《谁能成为百万富翁》的广告费按照千人成本 10 美元计算,该节目约有 1500 万观众,每次插播广告 30 多次,广告收费共计约 450 万美元(30 次×10 美元×15000 千人次=450 万美元)。这说明,广告媒体的巨额利润来自于观众,而不是现场观众。现场观众虽参加了节目制作,但却没有观看节目,他就不属于为广告商赢得利润的那 1500 万观众。

第三,此观众(现场观众)非彼观众。

在节目生产现场观看主持人与嘉宾主持人谈话的观众与在电视机前观看电视节目的观众是性质截然不同的两个概念。

尽管现场观众在演播室坐的位置与主持人、嘉宾主持人是相对的,他们确实很多时间在聆听,似乎他们扮演的是观众角色,但这个观众只是相对于主持人与嘉宾主持人而言的,是特定时间、特定场合下的观众。

观众,是观看该节目或观看特定节目的观众。观众是一个自由流动的人群。从概念的界定上讲,此时在看电视,他们就是观众;彼时离开了电视机,可能就不是。观看这档节目就是这档节目的观众,不观看这档节目就不是这档节目的观众。从他们的收看行为上说,观众不接受任何人的管理,不存在与电视台之间的合作关系。因此,观众可以非常随便地观看节目,可以同时吃东西、打电话等。他们对不喜欢的节目还可以表示不满,或干脆睡一会儿,或随时离场,或干脆换节目。

(4)概念正名

①"现场观众"更名为"现场观众嘉宾"。

"现场观众"的称谓容易产生误解,那么什么样的名称比较合适?

"现场观众"与"观众"有本质的区别,本应属于电视人的范畴;但在电视人的范畴里,它又属于临时被请来参与节目制作的一类人。人们往往认为嘉宾就只有与主持人坐在一起的嘉宾主持人,从不将"现场观众"纳入此列。然而就其性质来讲,二者是一致的,即共同协助编导、主持人完成节目的制作,"现场观众"与"嘉宾主持人"二者都具有的共同特征决定了他们属于同一个层面,"现场观众"在称谓上应该参考"嘉宾主持人"。

"现场观众"参考"嘉宾主持人"属于"嘉宾"地位。当然,现场观众在重要性上远不如嘉宾主持人,他们人数很多,往往坐在与主持人相对的位置,起辅助与烘托的作用。如果把被邀请的嘉宾主持人称为"主嘉宾",那么现场观众就应被称为"次嘉宾"。至于"现场观众"的名称到底叫作什么,从概念的准确性和称谓的习惯性两个方面讲,笔者认为应该叫"现场观众嘉宾"。

②"现场观众嘉宾"与"嘉宾主持人"同属于电视人的范畴。

在称谓名正言顺之后,我们还要力证"现场观众嘉宾"与"嘉宾主持人"的性质相同,他们是同一层次的电视人,理由如下:

第一,他们像其他电视人一样在节目生产过程中接受电视台的管理。

嘉宾是电视人经过再三考虑、精心挑选出来的。首先,他们来到演播室要听节目编导的指挥,要像主持人一样要去实现编导的意图;其次,他们是主持人的附属,要沿着主持人设计好的基本发展轴线前进,如果他们过分偏离这条线,主持人马上要想办法把他们引导回来。即使一些节目中嘉宾们的表现出乎预料,那也往往正是编导、主持人想要的结果。而实现了精心挑选的意图——给嘉宾们发挥的空间,是为了让观众看到临场那种出人意料的场景,给节目增添新鲜感,获得良好的收视率。如果观众完全跟着主持人的思路走;或观众太离谱,没边没沿地自己走,下次的节目这些人肯定不会再受到邀请。

第二,他们像其他电视人一样在节目生产过程中有任务。

嘉宾主持人在节目中的任务往往是非常明确的,现场观众嘉宾的作用远不止是坐在现场欣赏主持人和嘉宾主持人的"表演"这么简单。嘉宾主持人在和主持人交谈、"表演"的时候,现场观众嘉宾是有工作要做的:他们要对主持人的表现做出反应,完成主持人和嘉宾主持人完成不了的一些任务,如赞同他们的谈话和表演,活跃现场气氛,按照编导的指挥拍手鼓掌,给主持人、嘉宾提问题等。

第三,像其他电视人一样在节目生产过程中取酬。

参加电视节目制作的嘉宾们都是有报酬的。一般而言都会领到一份方便快餐,有时每人还可能获赠一份精美的礼品,更有幸者,还可能拿到大奖。在节目现场的方阵里,有时还可以看到这样一些人,他们举着一块很大的广告牌,扮演成某个广告里的"动画"角色,一边配合节目制作,一边为某广告商(大部分是为自己公司)做广告宣传。

电视界(业界或理论界)长期没有把现场观众当作嘉宾,没有把现场观众当作电视人,而将他们参与节目生产制作的过程叫做"观众参与",这种现象是历史的产物,其主要原因还是电视节目生产实践的局限性。

电视节目的生产是在一定的社会历史条件下进行的,在电视节目生产规模不大、节目形态不多的情况下,特别是在现场观众嘉宾节目形态不丰富,处于零散状态,现场观众嘉宾在节目生产中的作用不大的情况下,编导在节目制作中往往只把现场观众当成"摆设",其所谓的作用也只是在导演的指挥下拍拍手,人们不可能把现场观众嘉宾的作用提高到电视人的高度。认识是一个不断提高的过程,今天,现场观众嘉宾在节目中的作用使得他们不仅被人看到,而且有些节目中的现场观众嘉宾甚至起重要的作用,个别的还起到决定性作用。这个时候,现场观众嘉宾的性质、地位、作用就必须认真研究,着重对待了。

二、现场观众嘉宾在节目中的角色

1. 从形式上对现场观众嘉宾角色的分析

"现场观众"一词最初指那些在体育比赛、文艺活动现场出现但不参与活动的人,随着节目形式的变化,他们也逐渐成了节目的一个部分,从形式上讲,大致有四种角色。

(1)"摆设"

按照电视现场观众节目录制的场景不同,现场观众分室内观众、室外观众两种形式。室外观众指节目在外景录制时现场的观众,室内观众指演播室受众,通常把那些进入室内配合或参与节目制作的受众称作演播室受众。广义的演播室受众包括走进演播室配合或参与节目制作的所有人,包括节目的参与者和配合者;狭义的演播室受众则指除嘉宾以外的其他受众。演播室受众在发展初期扮演的角色只是节目的现场欣赏者,他们的作用是充当现场的一种"活的道具",既是节目播出画面的一部分,也用来制造现场热闹的氛围。因此,他们除了制造气氛,鼓掌、欢呼外,几乎没有任何实际的作用。例如中央电视台1983年的春节联欢晚会,那时演播室内的观众并不多,我们可以看到每当一档节目结束后,不论节目是否精彩,现场都会爆发出热烈的掌声和欢呼声,现场的气氛很是热闹。其实这些都是早就安排好了的,现场有人负责领掌,受众只要按照手势和要求做就可以了。他们不需要开口说话,仅仅是"陪衬者"。另外,摄像机镜头停留在观众身上的时间也少之又少,即使有也大都给了前排的嘉宾。更多的时候,他们是节目的"欣赏者",只是欣赏的地点从电视机前换到了演播室内。因此在这一时期,演播室受众受节目组的控制,基本是被动的信息接收者,是纯粹的节目欣赏者,并没有真正参与到节目中,更不用说体现自我意识了。

(2)"被欣赏者"

进入20世纪90年代后,由于谈话类节目的兴起,演播室受众的角色开始发生变化,他们开始由"陪衬者"和"欣赏者"转化为"被欣赏者"。此时,现场观众的地位相应提升,开始摆脱完全被动的地位,有了自由表达的空间,他们开始张口说话,和主持人、现场嘉宾进行对话交流,开始发表自己对事件的看法,表达自己对事物的思考,与节目融为了一体,开始成为电视机前观众的关注对象。以《实话实说》为例,现场是节目主持人、嘉宾和演播室受众共同进行交流,他们围绕着每期的节目主题进行对话、讨论,发表自己的看法或意见,于是演播室受众通过这种讨论的方式变成节目不可缺少的参与者。在节目中,演播室受众的发言占有很大比重,成为节目的重要组成部分,受众的地位得到更多的重视,他们的自由表达常常会有出人意料的精彩之处,此时他们已经被电视机前的观众所欣赏,成为新的"被欣赏者"。正是凭借这种受众参与的新形式,《实话实说》成了当时访谈节目中的典范,节目形式也被业界广泛认可。

(3)"表演者"

到20世纪90年代末,以湖南卫视为代表,一大批电视交友和游戏娱乐节目出现,开启了"平民娱乐"的时代,"受众参与式"节目也进入了成熟期。这时,演播室内的受众成了节目中的"表现者",其地位已经超过主持人,他们的角色得到了新的拓展,除了是节目的"被欣赏者",他们更成为节目的"主角"。比如《幸运52》《开心辞典》《超市大赢家》等智力问答或竞技类节目,参与比赛的大多是普通观众和普通老百姓,他们通过节目展现了自己的才智和风采,是节目中当之无愧的"主角"。

(4)"决策者"

几乎所有的平民选秀节目都设置有观众投票环节,有时候甚至完全由观众投票的结果来决定选手的胜负,现场观众的决策权得到了越来越多的体现。"决策者"观众对于受众参与式节目的喜爱使节目制作者意识到了演播室受众不容忽视的重要地位,受众被抬到了前所未有的高度,几乎对节目的每一个环节都有所涉及。他们可以参与节目最初的选题,不少节目栏目组都将拟订的所有问题公布在网上,由观众投票决定最终投入制作的选题;他们可以成为节目的主角,不再有嘉宾,节目完全围绕平民百姓展开;他们还是所有现场观众的最主要来源,节目组通常通过各种方式征集节目的热心观众到现场。尤其在娱乐竞技游戏类节目当中,演播室受众常常如同节目的"决策者"一般,左右着节目的发展。在这一方面,湖南卫视是全国电视行业的领头羊,从20世纪90年代末的《快乐大本营》开始,到后来的《超级女声》,湖南卫视的每一个创新节目形式都成为全国其他电视台模仿的范本,并开创了"平民娱乐"的风潮,使受众参与式节目进入了成熟期。

受众参与式节目的逐渐发展和成熟,是媒体"以受众为中心"的传播观念日益增强的体现。电视作为一种大众传媒,服务的主体对象始终是广大的电视观众。在市场经济的大背景下,电视节目只有不断满足受众的要求,得到受众的肯定才能生存下去,因此,如何贴近受众、调动受众观看电视的积极性便成了电视人必须面对的问题,而受众参与式节目可以说是一次成功的尝试。

纵观演播室受众角色的变化,我们不难看出受众的地位在不断提高,他们的主体意识越来越强,他们具有强烈的参与热情和表现欲望。现在的演播室受众在面对摄像机时已不再羞羞答答,或躲避或低头,而是热情地挥手示意,簇拥到镜头面前,希望可以露一次脸。各种选秀节目报名火热,比如《非常6+1》,每天的报名人数都超过 2000 人;第三届《超级女声》吸引的报名女孩达 15 万之多。这些数字透露出一个信息:受众已经不再满足于单纯地欣赏节目,他们要参与、要表现、要被人关注。事实上,受众自身的水平和素质也有了很大的提高,不论是发言、表演还是比赛,都越来越精彩,他们身上的各种潜质也常常激发着节目策划者的灵感。

2. 从功能上对现场观众嘉宾角色的分析

(1)参与讨论型

"参与讨论"指现场观众和主持人、嘉宾一起对某个问题发表自己的看法或展开讨论,或相互提问。这种节目方式不仅使节目有了双向交流的感觉,而且现场观众也有了表达自己意愿的机会,节目十分贴近大众的生活。例如,《实话实说》正是由于给了现场观众发言的机会,才使节目自身显得与其他节目大不相同而从众多节目中脱颖而出,成为所有节目学习的范本。此后,大量模仿《实话实说》的谈话节目相继推出,如《鲁豫有约》《新闻会客厅》等。

随着受众文化水平和自身素质的不断提高,受众对社会上的事物有了自己的鉴赏、辨别能力,人们不再满足于只看、只听不说,要求发声的愿望愈加强烈。现场观众代表着节目场外所有的观众,他们的一言一行代表着大多数观众的观点和行为。当节目录制现场外的观众找到了与现场观众的共识时,节目录制现场外的观众就会有自己参与到节目现场的感觉,感觉自己在参加节目,节目便可以提高收视率,这也是参与讨论型节目至今仍被采用的原因。

（2）加油助威型

这是现场观众最基本、最常见的参与节目的形式，也是节目刚出现现场观众的时候，现场观众唯一的作用，至今仍在使用，例如《超级女声》和各种体育比赛等。这种形式主要是节目制作者为了增加节目的轰动效果、烘托气氛而设置的，现场观众的主要作用是加油助威，为现场制造热闹的场面，因此这种参与的方式是一种最浅显、最简单的参与。当然，与过去相比，观众从电视机前走到了演播现场，可以亲自感受整个节目的录制过程，可以说是一种极大的进步。初期的这种加油助威型观众多出现在一些晚会节目中，最典型的如央视春晚，每当一个节目结束，现场观众就会热烈鼓掌、制造气氛。但是随着电视节目的发展，纯粹的加油助威也有了一些新的特点：一是道具的运用。通过电视节目我们看到，现在现场观众手中又多了发光大字板、海报等工具来增加现场的热闹气氛，还有很多形状各异的道具帮助他们制造声势，包括口哨、鼓掌拍、小喇叭、充气棒等。二是小团体化。最初的现场观众是节目制作组自己找来的一群人，现在的现场观众却有了身份来源，比如《舞蹈世界》，节目主持人会在开场时介绍："今天的现场观众来自××大学。"未改版前的《正大综艺》节目也经常会听主持人说"到场的观众方队分别是来自××企业、××公司"；有些节目的观众是自己主动联系节目组报名参加，比如《快乐大本营》。每期邀请的嘉宾都会提前预告，在全国范围征集现场观众，到场观众大多是慕名而来的；再有的是一些游戏比赛类节目中针对某个选手组成的亲友团，最常见的就是《超级女声》中的"粉丝团"，他们目的明确地支持自己喜欢的选手，还有自己独特的团体名称，甚至有统一的服装、加油口号，他们完全形成了一个个独特的小团体。

（3）现场决策型

这种表现形式多用于竞技、选秀类节目，由现场观众手中的投票器投票表决，决定选手是否晋级或给场上嘉宾提供意见，如《梨园春》。现场观众投票，投票的结果经大屏幕显示后决定选手的成绩是否晋级和最终胜负。这种现场投票的方式增加了受众"主人"的感觉，他们要想充分利用这种权力，就必然更关注选手的表现，更积极地配合节目。这不仅能产生良好的现场效果，还可以增加比赛的公开性和公平性。有节目组曾用这种类似于现场的"我最喜爱的选手"的投票了解观众的喜好。鉴于以上原因，现场观众投票已经成为几乎所有竞技类、选秀类节目必设的环节之一。又如《开心辞典》求助现场观众的环节，当选手在选择答案遇到困难时,主持人会说"你可以求助现场观众",现场观众对选题答案投票得出的结果,是场上选手最终意见的有力参考,这时的现场观众就是通过投票的方式给选手"出谋划策"的。这看似与单纯的投票参与一样,其实是有区别的。前者投票的结果选手必须接受,后者投票的结果对选手而言只是参考意见,选手可以采纳,也可以不采纳。此外,在有些节目中,现场观众会直接通过言语的方式给选手出主意,而这些意见往往会对选手产生很大的影响,很多选手会因此而改变自己的选择。还有一些是选手的亲友团充当他们的智囊团,在适当的时候给选手一些建议,帮助选手过关斩将。

(4)参与表演型

这种方式最大的不同在于现场观众从自己的座位上走到了舞台上。之前,无论是参与讨论还是出谋划策,现场观众始终都没有离开自己的座位或观众席;而这一次,现场观众走到了舞台中央,与台上的主持人和嘉宾密切接触,参与到表演或游戏中,实现了即时的节目互动。在《幸运52》中有一个游戏环节,参赛选手邀请自己的一位亲戚或朋友上台,与自己组成搭档,一个人用肢体语言阐释大屏幕上出现的词语,另一个人根据这些动作猜词,这就是上台参与游戏的一种情况。在各种邀请明星做客的节目中,也经常会请台下的观众上台与明星一起游戏。在一些晚会上,明星还会邀请现场的观众上台与自己一起演唱。观众走上舞台参与节目的情况有很多种,在这种参与形式中,现场观众多是作为节目中一个环节的辅助者或配合者出现的。如果把上一种参与形式中的现场观众比作辅助者和配合者,那么这种参与形式中的现场观众就是节目的主角了。现场观众作为比赛的选手参与节目,从而成为全场的焦点、节目的重要参与者。中央电视台二套的《购物街》就是典型的参赛选手型受众参与式节目。节目开始,主持人在不断更换头像的大屏幕中(所有头像均为现场观众)随机选取四名现场观众作为候选选手,然后给出一件商品由他们猜价格,答案最接近实际价格的一位成为正式选手参与后面的三个游戏竞猜环节。待一轮结束后再通过大屏幕选取一位现场观众补齐四名候选选手继续新的一轮竞猜。中间还设有一个大转轮游戏,由三名正式选手共同进行。总之,《购物街》中所有的选手全部来自现场的观众,整档节目都以现场观众为核心进行运作,充分体现了受众参与式节目的特点。

以上对现场观众参与节目表现的分类,主要是按照参与程度由低到高顺序排列的,基本也符合不同参与形式出现的先后顺序。由于现场观众本身就是广大受众的一个缩影,由此我们也可以看出媒体对受众的重视度也在不断地提高。

现场观众参与节目的新特点和新形式的出现都说明,媒体的受众意识和受众的主体意识在不断加强,现场观众参与节目的形式越来越丰富多样,随着参与度的加深,他们的角色也经历了从被动的欣赏者、陪衬者到参与者、配合者再到表演者、主角的一个变化过程,表现形式也由最初单纯的加油助威演变为出谋划策、参与投票、上台表演等其他多种形式。众多形式的出现不仅体现了现场观众的新特点,更加大了节目的观赏性。但这些变化有一个特殊之处:它们并不是一方增加一方减少的关系,而是同时存在的。在新的角色或表现形式出现时,旧的并没有消失,只是根据需要应用在了不同的节目当中。但不管怎么样,现场观众对于参与式节目的作用正在日益加深,节目制作者围绕受众设计和制作节目已经成为节目受欢迎的保证。这充分说明,真正以受众为主体,以"受众为传播中心"的观念已经成为现代电视发展的必然趋势。

三、现场观众嘉宾的作用

虽然上文中提到现场观众的出场方式不完全相同,但都对节目产生了一定的作用,成了节目构成的重要因素。现场观众所起到的作用大致如下:

1. 利用现场观众嘉宾营造直播的效果

电视谈话节目一般都是录制后播出的,不属于直播,但往往会给电视机前的观众造成直播的感觉,这是为什么呢? 原因就是节目和现场观众有着十分重要的关系。

及时性是大众传播中一个十分重要的特点,具有时效性的节目更能吸引观众的眼球。直播之所以吸引眼球,关键点之一就是它的真实性,对现场发生的事情没有删节,未经加工,而现场观众正好加强了节目的真实性,增加了节目的立体感,场上的嘉宾面对的不是空洞的镜头,而是一个个个性鲜明的人。真实的个体使嘉宾产生了强烈的交流感,形成了一个融洽的谈话场面。

2. 营造不同的谈话场,激发嘉宾交谈的兴致

不少谈话节目都有自己的口号,例如《鲁豫有约》,口号是"鲁豫有约,说出

你的故事",节目一开始总会把节目口号放在播放片段前面,现场马上产生一种倾听的气氛。

谈话现场的观众如同在节目现场放置的无数面镜子,现场观众脸上的表情直接反映出他们对谈话内容是否有兴趣;电视机前的观众会通过电视机非常清晰地看到屏幕上观众的表情、眼神从而决定是否继续观看节目;而场上的主持人则可以通过现场观众的表情来确定是不是要进入下一话题,或是请场上的观众提问,起到转承节目的作用。

现场观众对场上嘉宾的表现做出的反应,如掌声、笑声乃至骚动,都是对现场谈话的信息反馈,与场上嘉宾形成精神交流。

现场观众是场上主持人和嘉宾交流的对象,场上的主持人和嘉宾不再是面对着毫无反应的机器,当场上观众面露不同的表情时,主持人就可以根据观众的表情来决定下面的节目如何进行。

3. 连接节目内外,缓解视觉疲劳

电视外的观众经常会有亲临谈话现场的感觉,这是因为场内的现场观众成了中间桥梁,把场内嘉宾、主持人和电视机前的观众联系起来了。这在现场观众占比大的节目中体现得更为突出。因为,同样是观众,同样是节目的观看者,现场观众能提出电视机前观众想要表达的观点和问题,不管嘉宾答案如何,都会得到电视机前观众的认同。

一期谈话节目通常长达一个小时左右,如果镜头只在台上的几个面孔中切换,就会造成视听疲劳,一旦电视机前的观众出现疲劳的感觉,对节目产生厌烦情绪,节目的收视率就会受到严重影响。所以,一定时间内,镜头应该对现场观众进行切换。做节目前,主持人和工作者应该和现场的观众有短暂的接触,大致了解哪些观众面容姣好、哪些观众声音优美。当节目进行到一定时间,为了防止电视机外的观众产生厌倦情绪,可以适当把镜头切给面容姣好的观众,或请声音优美的观众提问,以达到赏心悦目的目的。

四、现场观众嘉宾的媒介素养

既然将现场观众嘉宾作为电视人的角色,那么就不能无条件地随便选择。就谈话节目而论,台上主持人和嘉宾看似无目的的闲聊,其实不止是在向受众提供简单的事件,而是多角度、多层次地让受众了解一件事或一个人,这种深层次的谈话只在嘉宾、主持人和现场观众嘉宾之间展开,谈话节目的新鲜感和开放性通过现场观众嘉宾的发言体现出来,推动节目向精彩处发展,使谈话得到深化。每个人都有自己的思维方式、思考问题的方法,主持人与嘉宾交流时便能从不同角度看问题,谈话内容就更加丰富精彩。

所以,现场观众嘉宾从产生到现在,从最初无声的摆设到现在成为节目的重要组成部分,他们不再是单纯的看客,而是节目的亮点,是吸引眼球的魅力所在。

一般情况下,观众都通过自行报名参加节目,报名后,栏目组再进行人员的筛选。我们可以从电视上看到,不管是哪档谈话节目,结束时都会有下期节目预告,把下期节目的话题或者人物做简单的介绍,对话题有兴趣或对所邀嘉宾喜爱的观众可自愿提前报名参加节目。这就避免了那些不清楚谈论话题、发言环节准备不充分,或只想来现场凑热闹、看热闹的观众。那些自发报名、准备充分的观众到了节目现场以后,不仅能充分展示自己的想法,还能和场上的嘉宾主持人一起发起激烈的讨论,不断促使节目向前发展。

对现场观众嘉宾素质的要求可以说是多方面的,包括政治素养、文化素养、科技素养、艺术素养等。但作为一个非专业的电视人,我在这里重点讲一下现场观众嘉宾要具备的媒介素养。

1. 媒介素养的概念

媒介素养可以理解为对所传播的信息的认知能力、思维能力、运用能力和反应能力,随着传播技术的进步,现在的媒介素养已不同于传统的媒介素养,是原有概念的拓展,即视听、语言、表达写作能力的加强,是受众利用传播媒介吸取有用的信息,正确了解舆论的能力。大众传媒对培养观众的媒介素养有帮助、引导和告知的作用,决定着现场观众欣赏水平的高低,是现场观众欣赏能力的一个导向。

媒介素养教育可以理解为媒介是为人类服务的,人们是主动的媒介使用者,人类既是传播内容的接受者,同时也是传播内容的创造者,人们还能够使用媒介这个有效的工具了解社会政治内容,能有效地利用各种信息编码以及信息关联系统,有责任、有义务地生活在社会环境中。

媒介素养包含几种能力:

(1)认知能力

由于近几年媒介数量不断增加,信息收集传输的速度加快,各种媒介全方位不间断地向受众提供各式各样的信息,面对这么多同一时段内发布的信息,受众的理解能力、接受能力是有限的,他们只想了解自己想了解、想接受的信息,就算是同一行业、同一范围、同一群体内的受众,其所关注的信息也都有所差异。这是每个人的接受能力、认知能力、价值取向等的不同所导致的。面对同一事物,有的人能深入了解,有的人只能看到表象。

(2)怀疑和判断能力

对于所流传的信息,经过自己的判断再下定论,而不是人云亦云,不盲目跟从,而是通过自己的思考辨别,提出自己的看法和不同的观点,通过自己积累的知识和经验,对社会现象进行分析、质疑、思考并得出结论,是受众应有的媒介素养能力的表现。

(3)思考和创新能力

思考意味着创新,思考才能有所改进,思考和创新这二者还和媒介技术的进步息息相关。现在是集各种先进技术手段为一体的多媒体时代,受众的思维顺应着时代的发展而发展,阅读、理解、思维方式也发生了相应的转变,能否迎合这种发展变化,有效地利用先进的媒体技术为大众生活服务,是现代社会受众媒介素养的重要表现。

2.现场观众嘉宾应有的媒介素养分析

(1)全方位地认识、了解大众媒介

由于现代科学技术的发展速度惊人,传播的信息数量不断增加,信息的接受、处理应用速度也快速发展,结果信息量超过了人们的需求范围、信息量过多、信息范围过大,给人们和社会造成了不应出现的、超出预期的负面影响。

信息的传播首先有消除差异和不确定因素的作用,可以避免人们因"无知"而陷入不安的状态。信息的获取是一种心理需要,正常情况下,信息量的多少和不安的状态成反比,但是,目前的信息有传播量大、难辨真伪和无法估计得失的特点,所以人们很难快速从众多被传播信息中找到自己所需的信息,总觉得自己获得的信息太少而处于恐慌之中。不仅个人如此,集体也有相同的心理,海量的信息让选择者很难决定哪些信息重要、哪些有价值、有用处,信息量越多,判断的难度就越大。传播的信息量过多,还会导致人们产生逆反心理,比如注意力下降、兴趣下降,对信息的判断力减弱,利用能力也下降,甚至开始排斥接受信息,这是因为人的精力有限,信息量过大,导致注意力和精力过于分散而无法集中,从而降低了活动的效率。信息泛滥且难分真假,导致人们在选取信息时担心不够丰富、详细、全面,而过分收集信息又导致信息疲劳症的产生。疲劳症的产生对心理是有负面影响的,因为人脑收集信息的能力有限,处理信息的能力也同样有限。如果接收的信息量超过人的最大接收限度,人就会产生排斥、厌倦心理,做出的选择难免会有失客观、正确,甚至还会出现疾病,如脾气暴躁、头疼、注意力难以集中等。如果传播媒介让受众产生了这样的心理,那么传播出的信息就会让受众难以判断信息的真假。

大量难辨真假的信息的产生,会对公众造成危害,特别是对那些正处于认知逐渐成熟阶段的青少年,危害十分严重。据调查表示,大众媒介传播中,传播暴力、凶杀、色情的频率和青少年的犯罪率成正比,这些信息的传播无形中起到了"教唆"的作用。

面对不计其数的信息,受众不能只从法律和道德的角度来考虑如何遏制它们,还应该从自身下手,提高自身的媒介素养,明辨信息。

前文提到,媒介素养是对各种传播信息的几种处理能力:选择理解能力、怀疑判断能力、思考创新能力,媒介素养较高的人或团体不会被动地接受信息,而是对在不同的信息环境下传播的信息进行选择。

(2)理智地接受媒介信息

传播媒介都是人为地在操纵,难免会出现传播者在传播的信息中融入了自己的主观情感的情形,如果受众没有经过自己的判断就盲目地接受媒介信息,就会无形中被媒介所左右,不经意间就接受了媒介所传播的观点。例如:在现代传播的信息影响下,大家都会觉得见义勇为有风险,好好学习、努力奋斗不如有个"叫李刚的爸爸"等。此外,媒介还无形中向受众灌输了不同的消费观念,例如杂志经常会用一个整版宣传一件奢侈品,受众看到就会产生购买欲望,形成攀比心理及炫富心理,无形中给自己施加了经济压力。所以受众必须理智地接受传播的媒介信息,自己要有独立的思考能力和判断能力。

(3)正确选择媒介信息

首先,要明白信息是依靠大众媒介来传播的,不同的传播媒介有不同的特点,不同的人对不同的媒介的了解、掌握程度也不一样,如报纸、电视是大众都能接受的最简单的传播方式,互联网、微博、博客是新兴的传播媒介,有传播范围较广、传播速度较快的特征,所以不同需求的受众可以自行选择不同类型的传播媒介。

其次,发挥大众媒介的信息监督管理功能。每一个公民都有对舆论行使监督的权力,大众媒介是公民进行监督管理最直接的工具,也是公民参与管理事务的最佳平台。

最后,与道德相结合。随着科技的不断进步,每个公民都可以充当记者,都可以随意传播信息,新出现的微博更是加快了信息的传播速度。但是,这种快捷的传播方式也容易成为道德低下的人攻击他人的武器,侵犯他人隐私、制造谣言、散布虚假信息等不良行为时有发生。所以受众在传播信息的同时,要遵守道德规范、法律法规,不能触犯法律。

3. 如何提高受众的媒介素养

传媒业从产生到现在,经历了几个阶段,最开始只有报纸作为传播媒介,随着广播的出现,有了有声媒介,紧接着电视出现,使人们进入了图像时代。伴随着科技的发展,出现了互联网,现在已经发展到报纸、电视、网络等多种媒介共存的时代。科技发展还在继续,相信一个多媒介共存、信息流速快、传播方面全的时代即将来临,而媒介素养问题也随之越来越严重。

媒介具有极强的两面性,信息量无限增加,如果不能正确地对媒介传播的信息做出选择,受众便会迷失在浩如烟海的信息里。因此,媒介素养教育已迫在眉睫。

大众传媒能从萌芽到蓬勃发展,是由它的作用决定的,如传承悠久的历史文化,传播全面的信息,而这些无不对受众的媒介素养起到了引导、培养、教育方面的作用。我们应当合理利用大众媒介的引导、教育作用,培养我国受众的媒介素养。

媒介素养和媒介素养教育息息相关,媒介素养教育包括培养受众的信息理解接受能力、信息选择能力以及信息处理能力。

媒介素养的培养可以从以下几方面着手:

(1) 家庭教育

人最早接受的教育来自父母的言传身教,父母的言行举止会成为孩子学习模仿的对象,所以父母在面对自己的子女时,要做好榜样,规范自己的言行,对孩子的行为习惯适时加以引导监督,帮助孩子从小养成良好的行为习惯,树立良好的人生观、价值观,对的要鼓励,错的要及时纠正。

(2)学校教育

人从小学到大学的十几年时光是在学校度过的,它涵盖了学生思想教育认知形成的全部时期,所以学校对每个人的媒介素养教育是最为重要的。不少学者也把学生作为媒介素养教育的重点研究对象,认为媒介素养教育是个人美德的一部分,是对传统文化、传统文明的吸收、继承和发扬。九年义务教育是媒介素养教育的起步时期,青少年在这段时间里,在学校内开始了解各种文化知识,开始全方位地接触传播媒介,报纸、杂志、网络围绕在他们的身边。所以,从小学到大学,针对不同的年龄层,学校应该有不同的媒介素养教育内容,特别是在这个传播媒介日新月异、传播信息难以穷尽的时候,对学生施以正确的媒介引导尤为重要。现在的孩子,了解信息的途径不仅有书本、电视,还有网络、手机等渠道。如何引导他们学会利用媒介工具获取信息,对所流传的信息进行筛选、辨别,合理地发布、传播所获得的信息,培养他们通过独立自主的学习去解决问题,是当今最值得关注的教育问题之一,也是当前家长最担心的问题之一。所以学校对媒介素养教育的重视、普及和引导是十分有意义的。

(3)社会教育

每个人都是社会的成员,在社会中生存发展,社会对人的媒介素养教育是无处不在的。在西方发达国家,媒介素养教育的流行趋势是以社区为教育单位开展媒介素养教育,我国也开始出现这种以社区为教育团体的方式。如传媒类大学和传媒教育机构合作,经常在社区开设媒介素养教育知识讲座。

受众自身要化被动接受教育为主动接受教育,主动利用网络平台进行学习和交流,虚拟的网络社区也是受众学习、交流媒介素养的场所。媒介作为主要的信息交流通道,是最主要也是最快捷的媒介素养教育传播途径,受众要尽量传递、交流健康向上的信息。

第五章 技术元素及其对节目形态的影响

不仅电视是技术的产物,整个电视事业的发展都是随着技术的不断发展而壮大起来的。正如麦克卢汉所说,媒介的历史是技术历史的一部分,但与其他媒介相比较,电视似乎更加依赖于技术。作为平面媒体的报刊,一旦从印刷厂出来,它就摆脱了技术的束缚,"而电视节目不仅在采集和制作阶段受技术制约,在传播和接收阶段仍然被技术牢牢地控制着,技术的故障会影响到播出的中断,技术的原因会使传播的效果产生偏差,甚至引起误解"[1]。技术元素不仅贯穿了一档节目的采集、制作、传播等生产全过程,而且贯穿了电视节目发展的整个历史。就其对于节目形态的影响而言,技术不仅作为直接元素,而且还作为间接因素,通过影响另外两个元素,即通过影响电视人、现场事件而生产和创造新的节目形态。可以说,节目形态发展史里的每个闪光点都凝聚着技术上的突破。

第一节 电视技术是节目生产的重要元素

一、技术的概念及其重要性

1. 技术概念

技术作为人类认识自然、改造自然的方法,可以说与人类的历史一样漫长。技术一词源于希腊文"techne",最初的意思为技艺或技能,指对某种制作或创作的精通。

---

[1] 孙玉胜:《十年——从改变语态开始》,生活·读书·新知三联书店2004年版,第350页。

柏拉图认为,技术是系统的或科学的知识。[①] 亚里士多德认为,技术是为了从事智能活动而对知识的系统应用。法国的狄德罗把技术定义为"完成特定目标协调一致的手法、手段和规则的体系"。18世纪德国的贝克曼把技术定义为"指导物质生产的科学和工艺知识"。另外一些学者则把技术定义为"科学规律的应用"。在于光远主编的《自然辩证法百科全书》中,技术被定义为"是人类为了满足社会需要,而依靠自然规律和自然界的物质、能量和信息,来创造、控制、应用和改进人工自然系统的手段和方法"。

以上这些对技术的定义,由于研究者的视角的不同而不同。本书从技术对电视节目形态的影响的角度出发,结合上面的定义,从技术的硬件层面与软件层面对技术概念进行界定。从硬件层面来看,技术是由有形的、具有物质特征的技术器物构成的,可以称作硬件的物化技术;从软件层面来看,技术指由无形的、具有文化特征的技术制度、体制和技术意识形态组成的文化。技术器物位于最表层(或最外层),技术制度、体制位于中层,技术意识形态则位于最深层(或最潜层)。

2. 技术对社会的作用

(1)作为硬件的物化技术对社会的影响

在人类社会的历史上,每次技术革命都会给人们的生活带来巨大的发展和变化。第一次技术革命从18世纪60年代开始,以改革纺织机为起点,以蒸汽机的发明和应用为主要标志。蒸汽机的出现推动了煤炭、钢铁、机械制造业和交通运输业的发展。从此,机器大工业代替了作坊手工业,开始了社会化大生产的进程。从19世纪70年代开始,发生了以电机、电力应用为主的第二次技术革命。第三次技术革命发生在1925—1950年,其标志是电子计算机的发明和发展、原子能的利用和空间技术的急速发展。2000年前后,以信息技术为主的第四次技术革命开始。

技术是人的感觉器官和思维器官的延长。如果说望远镜、显微镜和各种探测器、传感器是人的感觉器官的延长,那么电子计算机就可以比作人脑某些特定功能的延长。所以麦克卢汉说"一切技术都是人体的延伸"[②]。

[①] 陈卫星:《传播的观念》,人民出版社2004年版,第231页。
[②] 〔加〕马歇尔·麦克卢汉:《理解媒介——论人的延伸》,何道宽译,商务印书馆2000年版,第232页。

电视，作为电子技术的产物，是人体器官的"延伸"，电视技术延伸了一个自然人所不具有的功能。如随着时间流逝而消失的历史事件，通过电视可以"还原"，让时光倒流，让人的眼睛、耳朵"穿越"时间，回到过去欣赏和聆听时过境迁的事件和声音。如由于空间的遥远，你去不了某些地方，电视延长你的双腿，为你插上翅膀，延长你的视力，使你穿越千山万水，让你看到、听到那里所发生的新鲜事件。没有电视技术，仅仅依靠自己眼睛是看不到的也听不到这些的。不仅如此，它还延伸了人大脑的记忆力，把一逝而过的事件用一定的物质载体如磁带、光盘、数字硬盘等"储存"下来，供人们反复观看，记忆的功能被技术所取代。换句话说，这种"储存"技术无限地延长人类的视觉功能，使我们可以通过节目形态的现场事件研究客观现实的现场事件。

（2）作为软件的技术对社会的影响

把技术置于社会文化的大背景下，考察技术与社会的关系，我们会发现两者处在一个相互促进、互为前提的统一体中。

首先，任何新的技术都是从一定的社会生活、社会实践中产生出来的，新技术背后隐藏的是相应的技术理念和技术价值观。

其次，技术一旦产生，同时就产生了具有文化特征的技术制度、体制和技术意识形态。这个围绕技术所产生的技术文化就要对社会生活施加影响。当技术成为生产运用的工具时，它就要渗透到人类思维的方方面面，使人的思维及行为方式不自觉地受技术的方式、程序、规范所影响。

技术对社会的最根本的影响是它所带来的观念的变化。从蒸汽机、发电机到计算机，这些革命性技术在不经意间已彻底改变了我们的思想。设想一下，如果我们这个社会中去掉这些技术，我们的生活将是不可想象的。今天的社会是一个现代技术的社会，一个技术已被人工物化的社会。从器物、制度的层面上看，技术成了当今文化的坚硬骨骼；从观念的层面上看，技术成了文化的理性之光。

电视技术对节目形态的影响，只是技术对社会的影响的特例。电视技术如同其他技术一样，也是通过硬件层面和软件层面在电视的发展中发挥巨大的作用。

二、电视技术在节目生产中的作用

电视发明以后，电视传播的每一次重大飞跃，无不建立在电子技术、数字技术等一系列重大革新的基础上,从黑白电视机到彩色电视机,从电子管到集成电路,从电缆、微波传输到卫星传输,由单向传输到双向、多向传输,这一系列发展轨迹都是电视技术发展的成果。1954年彩色电视机出现,1956年录像机出现,1962—1964年定点同步通讯卫星由试验到正式运行,1968年便携式电子新闻采集系统——ENG摄像录像设备问世,20世纪70年代以后各种特技编辑机投入使用,80年代以后卫星直播电视、有线电视、数字电视相继崛起……

电视是以电子技术为基础、具有鲜明技术特征的现代大众传媒,电视的发明与发展,是现代电子技术的产物,技术推动着电视发展的每一个步伐,影响着电视事业的每一个环节,其中最主要的作用体现在电视节目的生产与传输方面。

1. 前期采集

电视采访的每一次历史性飞跃都与技术的进步有直接关系。20世纪30年代,电视采访由最初的单一转播发展到流动采拍;40年代,采拍由使用35毫米胶片过渡到使用16毫米胶片;50年代,采拍开始尝试使用达到实用水平的磁迹摄像机;60年代,通讯卫星将电视采访报道推向更高的水准——同步化;70年代,ENG普遍推广,使采拍在诸种媒介中确立了优势——声画同步;80年代,ENG更新换代,一体化摄像机又使电视采访迈向新的深度和广度,金属磁带使电视拍摄的画面达到了更高的质量标准;90年代,电视采访又面临新的挑战,卫星直播电视、大型电缆电视的空前发展进一步挖掘了电视采访的潜在力量。[①]电视节目的前期采集技术经历了三个阶段。

(1)胶片录像技术阶段

早期的电视记录方式采用的是"放映拍摄方式",这是一种胶转磁的技术手段。用于新闻采制的设备主要有超正析像管摄像机,体积大、笨重,移动不方便。后来开始使用16毫米电影摄影机,使用电影胶片拍摄新闻。这种摄影机尽管轻便、携带方便,但是拍摄时间短,对拍摄技巧和条件要求高,而且拍摄的素材还必须经过冲洗、剪接后才能使用,很难实现新闻的时效性。

[①] 中国应用电视学编辑委员会、北京广播学院电视系学术委员会编:《中国应用电视学》,北京师范大学出版社1993年版,第568页。

（2）电子采集技术阶段

电视采访的关键性突破是采用了ENG。ENG技术诞生于20世纪60年代，中央电视台自1978年12月起开始使用ENG电子新闻采访设备。ENG对电视采访的重要贡献在于加快了录制速度：录制的节目2—3个小时后即可播出，改变了过去人工洗印电影胶片技术的落后状态，大大提高了新闻的时效，它还能同期采录图像和声音，记者也可以进入现场画面。

（3）数字录像技术

本章第三节将详细论述。

2. 后期编辑制作

与不同阶段的电视采集技术水平相对应的是各种技术条件下的编辑技术。

胶片技术对应的编辑是机械剪辑胶片的编辑法，这种剪辑方法是从电影剪辑继承过来的，它要将所需节目的磁带剪断，然后再按照编辑意图将这些片断粘贴在一起，精确度很低，而且由于剪辑后的胶片不能再利用，也造成了一定程度的浪费。

电子编辑技术是利用磁性记录特点的编辑方法，它具有编辑速度快，精确度高，画面和声音可同时编辑或单独编辑，可以对画面进行特殊效果处理和叠加字幕等特点。电子编辑既是电视节目的技术加工过程，又是电视节目的艺术再创作过程。[①]

数字编辑技术将在本章第三节详细论述。

3. 传播技术

我国电视节目传输技术经历了从微波、有线电缆、光缆到卫星数字传输的一个发展过程。

我国微波远距离传输始于20世纪60年代初，当时是在京津之间试验，1964年实现两地微波互相转播节目；到1983年，中央电视台的第一套节目可以通过微波线路传输至除我国西藏、新疆以外的省（区、市），中央电视台也可以通过这些微波转播地方电视台的节目。

在微波传输以前，电视台的节目传输要借助交通工具运送录像带，其结果

---

① 中国应用电视学编辑委员会、北京广播学院电视系学术委员会编：《中国应用电视学》，北京师范大学出版社1993年版，第827页。

是各电视台互送的节目根本无法及时播出,从送出到播出短则几天,长则十几天才能与观众见面,很多节目便从新闻变成旧闻了。

有线电视起源于20世纪40年代末至50年代初的美国,其原因:一是为了克服地形对电视信号的干扰,如山区、城市的高楼大厦对电波的阻碍;二是为了传输更多的频道,让观众有更多的节目选择。在这一时期,电视台在更好地服务观众的同时也实现了更大的盈利。

其后出现了卫星传输技术。卫星传输技术是从地球上的地面站把电视信号发送给卫星,卫星再通过转发器,向预定的地面站转发。理论上讲,在同步轨道上,如果发射三颗卫星,让它们与地球自转速度相同,它们之间的角度均为120度,这三颗卫星就可以覆盖整个地球。

1974年,卫星电视直播技术首先在美国试播成功,但这项技术并没有被迅速应用到实际中。后来日本、欧洲、苏联在卫星直播方面取得了很大的进步,先后发射了一系列电视直播卫星,使得家庭用户用直径一米左右的天线就可以接收到电视节目。这个时期由于每台转发器只能传送一套节目,一颗卫星只能传送3—5套节目,加之地面接收系统天线笨重,价格昂贵,因而对普通家庭来说,这简直是一项难以承担的消费,这大大限制了卫星电视的商业化发展。

进入20世纪90年代初以来,由于美国在数字视频压缩技术领域取得了突破性进展,卫星电视直播、卫星移动通信和卫星数字音频广播业务在美国取得技术突破,并迅速步入产业化和商业化轨道。美国第一颗商用电视直播卫星采用数字视频压缩技术,于1993年12月发射入轨,第二颗卫星于1994年发射,第三颗卫星于1995年发射。它们可为美国本土和加拿大南部的亿万城乡居民提供175套直播电视节目,每个家庭只需安装直径0.45米的天线和接收机译码器,就可以在普通电视接收机上收看高质量的电视图像和相当于激光唱盘伴音效果的卫星电视节目。

1984年4月8日,中国第一颗实验通信卫星(STW-1)被长征3号火箭送上了"静止"轨道,定位于赤道上空东经125度。同年10月1日,国庆35周年天安门广场的阅兵仪式就是通过这颗卫星播向全国的。1985年,中央电视台开始长期租用位于东经57度印度洋赤道上空的第一代国际卫星转发器传输第一套节目。1986年2月1日,中国发射实用通信卫星(STW-2),定位于东经103度的赤道上空,这颗卫星轨道优越,辐射能量集中,信号强度显著提高。

第二节 技术对节目形态的影响

节目形态的不同原因在于节目生产方式的不同,建立在不同技术基础之上的生产方式直接影响着所生产的节目形态。胶片技术时代的节目生产与电子技术时代的节目生产自然产生的是截然不同的节目形态。按照本书前面所说,电视节目生产的三元素是电视人、技术、现场事件。技术在三元素中是一个非常特殊的角色,它的变化不仅可以单独引起节目形态的变化,而且可以通过其自身的变化引起电视人、现场事件两个元素的变化,从而达到影响节目形态的目的。下面从三个方面来论述技术对节目形态的影响。

一、技术对电视人的影响

1. 对电视人观念的影响

电视人的思维方式及其观念完全建立在电视摄像机的基础上,他们通过电视摄像镜头来观察世界、认识社会、解释问题、阐述思想。随着电视技术的不断发展,电视人的思想也发生着变化。从对"新闻"这一概念的认识的衍化过程,我们就可以发现技术对电视人,甚至对每个人的思维观念的影响。关于"新闻"的概念,经典的传统解释是"新近发生的事实的报道",这是和当时的技术水平相匹配的。那时,各媒体的竞争焦点就是看谁对"新近"二字的尺度把握得更好,看谁能超前对手一天、一分钟甚至几秒钟,把新闻传播给受众,占领市场。而先进的技术无疑起着决定性的作用。卫星电视技术带来了传媒界的革命和质的变化,卫星电视时代的新闻概念也就变成了"此时发生的事实的报道"。新闻概念的变化可以说是技术冲击、改变观念的一个典型例证。

2. 对电视人组成成分的影响

电视人就是掌握、运用电视技术进行大众传播的人员。电视技术的普及导致电视人的概念外延扩大,使得以前根本不属于这个范畴的人也加入到了电视人这一行列里。DV(Digital Video)技术的普及应用就是这样的,DV 技术直接影响到传统的电视人的概念,从而也对节目形态产生了影响。

DV 数字摄像机的出现之所以能够对电视人形成冲击，主要有以下三个方面的原因：

一是操作简单。在传统的技术条件下，电视的技术垄断很难被打破。没有经过专门的系统学习，没有长时间的实践，是一般人根本不可能正确地使用电视摄像机，更谈不上后期的编辑。DV 的普及如同"傻瓜"相机让更多的人成为"摄影师"，卡拉 OK 让更多的人成为"歌星"一样，它使得一般人也可以通过简单的几个步骤，操作几个按钮，再加上一些一般的摄像技巧和艺术创作原则，就能够熟练地掌握小巧的摄像机，创作出自己需要的节目。

二是销售价格适中。过去，电视器材的高昂售价不是普通人、普通家庭所能够负担得起的，因此，经济原因制约了这种技术的普及。一般人在日常条件下无法接触到电视器材，大多数人对电视摄录技术、拍摄方法等非常陌生，从而导致他们对电视艺术产生神秘感，这也就形成了电视专业人员与其他人之间的明显壁垒。现在，价格适中的 DV 摄像机让许多新闻爱好者有了自己的摄像机，编辑、采制节目成为非常容易的事情。

三是节目制式与电视台一致。DV 摄像机的技术要求能够达到电视台播出的技术标准，是 DV 人进入电视人的重要门槛，否则，再好的节目也不能播出。正是这种技术保证下的制式一致性，才使得"旧时王谢堂前燕，飞入寻常百姓家"。2002 年，凤凰卫视推出了"中华青年影像 DV 作品大赛"，鼓励非专业人员用自己手中的摄像机捕捉生活中的影像，并开设了专门的栏目《DV 新世代》，从大量的作品中选播了许多让观众耳目一新的节目。

DV 技术催生了新的节目形态：神秘的技术被物化的仪器设备消解，复杂的原理被简单的推、拉、摇、移等动作所代替；廉价的、便携的机器解开了昂贵的、笨重的、操作复杂的专业设备之谜，电视艺术的神秘感也随之消失。DV 人可以忽略职业电视人经典的拍摄规则，以最能体现自己审美、自己思想的方式来拍摄自己喜爱的节目。一群新的电视人就这样产生了，"DV 一代"拍摄出了许多观众喜闻乐见的节目，从而催生了一种新的"DV"节目形态。这种节目包括以下几个特点：

一是鲜活性。人类的生活是丰富多彩、千变万化的，大千世界无奇不有，但相对少的电视人在把握如此海量的事件时就会产生力不从心之感，就可能漏掉大量有价值的素材。加之，电视人的职业程序的规范性，政党、利益集团的限制性,长期形成的思维惯性以及其他条条框框,也使得许多有价值的素材被"遗漏"。而 DV 人基本上可以说无拘无束,他们没有完成任务的压力,没有这该拍摄那不该拍摄的限制,他们拍摄的动机出于自发,出于他们对事件价值的认可。所以,其内容大多是流淌在现实生活中的、当下的、鲜活而生动的事件,是生活的感受,而不是僵死的说教。

二是接近性。DV 人拍摄的大多是他们的日常生活,这些事件对许多观众来说具有与自然环境和社会环境的接近性、思维方式的接近性、话语表达的接近性,以及利益层面的一致性,这也导致其所拍摄的节目对于大多数观众来说具有亲近感。

三是平民性。电视的发展逐渐为社会营造了一个公平、公正的氛围,逐渐让平民百姓拥有更多的话语权。普通 DV 人的电视节目传播权,直接作为反对话语霸权的一方出现,打破了由少数电视专业人员控制大众传媒的局面,从根本上保证了平民性的节目进入大众传媒平台,保证了平民百姓的话语权。

随着 DV 技术的进一步发展,可以预见,未来的 DV 操作将更为简单,更多的技术壁垒将被打破,特别是当互联网上节目的播出限制越来越少时,节目的传播障碍一个个被打破,非专业的电视人将更多地涌入这一行列。如果他们不仅参与采集,而且在制作、传输等方面轻松地融入电视节目的生产,那么一个崭新的、全民的电视传播媒介形态便将出现。

二、技术对现场事件的影响

技术对于自然发生的现场事件的影响不大,它所起的作用就是更加真实地记录事件。比如暗拍技术,它就是为了更加真实地记录现场事件的发生、发展过程而利用隐藏拍摄的技术手段。

但是,技术对设计类现场事件的影响就比较大,有些设计类现场事件就是完全建立在特定的技术基础上的,没有这些技术根本不可能成功。下面我们选择两个典型的例子进行论述。

1. 虚拟演播室技术对现场事件的影响

电视节目生产的最终目的是为了消费市场、为了观众,一切满足观众的需求。在了解观众收视心理、收视规律的基础上,虚拟演播室技术元素与电视人设计现场事件元素共同构成一个新的节目形态。

虚拟技术最早应用于军事、航空等领域,它通过计算机仿真技术来模拟虚拟的现实世界,利用人机交互手段使人仿佛置身于真实世界。随着计算机技术的快速发展,虚拟技术开始广泛应用于电视领域。

虚拟演播室就以计算机生成的图像场景为虚拟背景,这个可以随意变化并产生超现实的场景,使用起来很方便。

虚拟演播室系统可以让真实的嘉宾、主持人深入到虚拟的三维场景中,并能与其中的虚拟对象实时交互。随着计算机图形技术的发展,计算机实时绘制各种复杂逼真的三维场景成为可能,这些场景如果能与摄像机摄制的视频无缝地合成在一起,嘉宾、主持人的活动空间就能进一步扩展。

既然虚拟技术可以影响电视节目形态的变化,那么什么类型的节目适合使用虚拟演播室系统进行拍摄呢?大多数虚拟演播室生产商的销售人员大都会回答:"只要使用我们的系统就可以做任何你想做的节目。"但其实"这在很大程度上取决于制片人和技术人员的创造性"。[①]

"要制作出一套虚拟演播室的节目,需要具备两个方面的条件。一个是真实的演播室,它包括蓝色或绿色的背景箱体以及箱体中摄像机前的主持人。另一个是计算机生成的图像,它有时可以作为虚拟背景,有时将主持人遮挡住而作为前景。后者只存在于计算机中,通过显示器表现出来。如果关掉了计算机,它就会立刻消失。

相对来说,虚拟技术特别适用于新闻、体育、专题评论等节目,可以解决以前无法解决的许多问题。在 2004 年雅典奥运会上,中央电视台现场演播室使用的就是虚拟演播室。而美国《你的脸我的脸》是物理学全息摄影技术在娱乐节目中的出色运用,虚拟的立体人物参与到真实的人物游戏中,构成了节目的绝妙看点。英国新闻节目《ITV 午间新闻》则是使用数字虚拟技术打造全真新闻背景画面的完美典范。

虚拟演播室还可以应用在露天环境下:在一场球赛中,只要简单地在主持人身后放置一块蓝布,所有技术硬件放在转播车里,就能够实现一个虚拟演播室。

---

① 夏力、王大纲、崔建伟、张晓辉编译:《虚拟演播室技术》,清华大学出版社 2005 年版,第 23 页。

虚拟场景分为两种类型。一种场景是尽量模仿人们熟悉的环境,如厨房或者火车车厢内部;另一种场景是创建一个想象的空间,人们在现实中不曾见过,而这才是虚拟演播室真正展示其制作能力和潜力的地方。[①] 虚拟演播室的一些优势要通过艺术创造表现出来,另一些优势则要通过设备技术的特点表现出来。其优势至少有以下两个方面:

一是节省投资。与传统的演播室节目相比,现在为一档节目制作一个全新的虚拟场景变得更加便宜和快捷了,更新一套节目场景也不像以前那样需要花费大量心血,拍摄前搭场景,节目结束要拆卸、搬运、储存,现在短时间就可以轻而易举地完成。同一个场景,可以制作一个白天版本、一个夜间版本;同一节目也可以不用同一演播室,因为不同的背景可以存入磁盘中。如一个频道可以在同一天同一个小型演播室里设计早间新闻、午间新闻、晚间新闻三档不同风格的节目。场景中的每个元素都可以从一种形式变成另一种形式,甚至可以随时移动、旋转,所有的要求只需点击鼠标即可简单完成。

虚拟演播室中的那些场景如果用实景搭建,电视台会因为造价高而无法承受。虚拟场景还可以比实际演播室的空间大很多倍,可以节省木料、纸板、油漆、道具、空调、灯光、维护等多项费用,一个宏大、完整的场景只需放在一个小小的硬盘里。

二是效果突出。利用现有的各种三维动画软件,充分发挥创作人员的艺术创造力与想象力,即可创作出高质量的背景。在设计虚拟场景时,创作人员能够随时改变想法。虚拟演播室的节目背景不再是一个从开始到结束都一成不变、单调乏味的景象,可以随时改变它们的颜色、形状、透明度、运动方式和任何其他属性。

有些虚拟场景的复杂程度不是实景能够做到的,虚拟演播室技术为制作全新的视觉效果提供了技术手段。如果采用传统的实物搭建方法,用木材、金属等材料是根本无法实现预期效果的,但虚拟技术完全可以创造现实世界中根本不存在的、梦幻的、超现实的景象。

2. 仿真技术

电影、电视是客观世界的再现,这个观点产生在它所处的技术时代背景下。

---

① 夏力、王大纲、崔建伟、张晓辉编译:《虚拟演播室技术》,清华大学出版社2005年版,第20页。

电影与电视都是通过摄像机(录像机)将客观世界记录在胶片或磁带上然后播放出来,从而再现客观世界。但是,在今天这个科技时代,这句话就不全面了。随着科技的发展,到20世纪末,计算机技术已被大规模地应用于电影和电视中,带给了观众前所未有的视听震撼。尤其是计算机图形技术引入影视之后,人们在影视作品中看到的影像似乎十分真实却完全是现实中不存在、也不可能存在的影像。当今的电影中,越来越多的镜头不再是客观世界的再现,因为这些镜头并不是拍摄下来的,而是利用计算机制作出来的。这种技术把那些不可能的情景用影像的方式展现在观众面前,为观众构建了一个虚拟的现实。我们看到的光线根本不是现实光源的照射,它可以不顾实有光线的方位而随意画出阴影。从某种角度而言,电影、电视过去是一种摄影艺术,今天却已转变为一种绘画艺术。

三、电视技术对节目形态的直接影响

电视纯粹是一个依赖技术的媒体,技术对电视的影响是全面的、广泛的,技术对节目形态的影响只是其中的一个方面。理论上讲,任何新的电视技术的应用都有可能催生新的节目形态,但到底哪些技术、哪些影响可以催生新的节目形态,其中的原因、因素是多种多样而且复杂的。虽然不一定每种技术都有对应的一种节目形态,但许多节目形态都可以追溯到其相应的技术渊源。记者出镜的现场报道节目形态对应的是ENG拍摄技术,现场直播节目形态对应的是卫星电视技术,虚拟演播室节目形态对应的是虚拟技术。总的来说,一种新的节目形态的产生总是与新技术有关。电视技术对节目形态的影响从前期采集、后期制作直至传播发射,可以说,技术贯穿了电视节目生产的全过程。

1. 技术对采集层面影响所形成的节目形态

采集技术的变化会导致节目生产方式的不同,最终引起节目形态的变化。在胶片生产的时代,因为摄像技术不能做到声音与画面同步记录,记者不能进入现场,而ENG的使用就使记者现场报道的节目形态成为自然而然的事。

什么是现场报道呢?"现场报道是电视记者在新闻事件现场,面向摄像机

（观众），以采访记者、目击者或参与者的身份作出图像报道。"[1]记者亲临现场，实际上是作为观众的代表亲临现场，记者的所见所闻也是观众看到的和听到的。因此，现场报道带给观众一种身临其境之感，而所有这些特性都源自ENG的摄录同步、声画同步技术。

2. 技术对制作层面影响所形成的节目形态

制作技术的突破也是节目形态变化的一个重要因素。因为从某种意义上讲，技术的创新往往会导致前所未有的、革命性的变革，这种创新带来的节目形态的变化也是特征明显、富有冲击力的。

如虚拟技术和仿真技术（前文已论述）。

3. 技术对传播层面影响所形成的节目形态

传播技术是让节目产品与观众消费者见面的最后一关，采取什么样的技术方式进行传播对节目形态的形成具有决定性意义。

（1）通讯卫星技术对电视节目的影响

如果说卫星电视给受众带来了更广阔的视听空间，那么直到1993年有线电视台的广泛建立，这个空间才得以真正出现。这是因为卫星电视的信号需要通过原有的地面微波传输，在层峦叠嶂的高楼大厦的阻碍下，普通的电视天线很容易受到干扰。而有线电视是以同轴光缆或光导纤维传输节目并进行放大、分配的电视系统，它不但可以改善收视状况，扩大收视范围，还可以开辟更多的频道资源。1993年后，我国各地纷纷建立有线电视台，此后有线电视台的数量骤然增多。

1985年1月，我国为传送电视节目租用的国际卫星转发器开始启用；同年10月，中央电视台开始利用国际通信卫星5号C波段向全国传送电视节目。1999年10月，海南电视台上星，这标志着全国所有省级电视台节目全部通过卫星播出。2004年12月，随着深圳卫视的正式播出，我国电视市场又掀起了副省级城市频道的上星热。

卫星技术利用通信卫星、广播卫星，接收从地面发射传送的电波，加以增幅，再重新传送回地面，最终完成远距离传输。20世纪50年代，电视还处于同地方报刊、有线广播同等的地位，那时的电视节目只能依靠有限的电波在大城

---

[1] 叶子：《电视新闻节目研究》（第3版），北京师范大学出版社2003年版，第156页。

市及其郊区范围进行"岛屿性"传播。1962年,英、美、法三国首次试验洲际卫星电视转播,分别由英法两国向美国传送电视节目。20世纪80年代,我国引入卫星技术转播电视节目。1984年,国产通讯卫星东方红二号发射成功,拉开了我国利用卫星传送广播电视节目的序幕,这对于我国这种幅员辽阔、地形复杂的收视环境来说具有相当重要的意义。在通过卫星转播电视节目之前,西藏地区收看到的中央电视台《新闻联播》节目是一个星期之前的"旧闻联播",卫星技术使电视能够更进一步实现其即时性的优势。卫星电视的兴起,为电视的传播拓展了空间,解决了跨地区、跨国界传播的问题,使电视的传送克服了距离障碍,扩大了电视节目的覆盖范围,提高了节目的收视率。正因为如此,电视才从"岛屿性"传播媒介一跃而成为全国性乃至世界性传播媒介,真正成为最有影响力的大众媒介。

只有卫星电视技术才催生了真正意义上的现场直播节目形态。电视新闻现场直播(LIVE)是指在新闻事件的现场,把新闻事实的图像、声音以及记者对事件的报道(包含现场采访、解释、评价)转化为电视信号,通过电视对播出与报道对象的信号进行同步传输的一种报道方式,是最能发挥、展现电视传播优势的一种迅速、直接的新闻报道与播出方式。[1]

电视技术的飞速发展直接影响了电视新闻的形式、内容和传播方式。电视既是一种传播媒体又是一种技术,成功的电视制作者既要懂得电视传播技术的组成和运作,还要懂得电视传播过程的基本原理。随着数字技术、卫星新闻采集技术的大量应用,电视直播技术越来越成熟,现场直播作为报道新闻事件的最快捷、高效的手段,已经成为提高电视新闻节目竞争力的重要报道形式。

1985年,全国六届人大三次会议开幕式首次实现了电视直播,这是中国电视史上第一次将重大政治新闻以直播的形态呈现给观众。随后,香港、澳门回归、长江三峡截流、虹桥垮塌案庭审等一系列重大新闻事件纷纷以直播形态面对观众,中国电视业开始进入全新的直播时代。电视新闻直播在中国起步虽晚,但它所具有的影响和收到的效果却鼓舞人心。新闻是新近发生或发现的新鲜事,而直播则将这种新鲜信息的"保鲜度"提到了极致。直播中,人们可以最直观地感受处于进行时中的事件,可以以最快的速度洞悉事件发生、发展的脉

---

[1] 叶子:《电视新闻节目研究》(第4版),北京师范大学出版社2005年版,第472页。

络。尤其是突发的重大新闻事件会以怎样一种形态进行下去,无论是记者还是观众,谁都无法肯定回答,而电视直播则可以在第一时间给出答案。

SNG(Satellite News Gathering)是支持现场直播的重要技术手段,SNG 意为"卫星新闻转播",特指装载全套 SNG 设备的专用车,可称为"卫星新闻采访车"(或转播车,车顶装有碟型天线,可随意调整方向对准太空中的通信卫星)。它是一个移动式发射站,电视台工作人员可随时将所在现场的信号通过卫星传送到电视台,电视台再把卫星接收到的信号播出,因而 SNG 成为现场直播重要的技术支持手段,尤其能做到与事件相关的多点现场直播。

现代传媒的诞生、发展都基于科技发明在传播领域的广泛应用,科技革命与传媒运行、发展的模式有着天然的联系。[①] 这一手段给电视新闻带来的最大变化是现场即时实况报道,让观众同步目睹新闻的发生,展现新闻事件的过程,给观众最真实的感受。简单地说,SNG 实现了新闻发生和新闻播出的零时差,可以让观众在第一时间共享此时此刻:您现在看到的就是正在发生的那种即时感。1967 年 7 月 19 日,来自不同国家数以亿计的观众从电视屏幕上看到了 25 万公里外美国宇航员阿姆斯特朗登上月球、迈出"人类一大步"的过程,这使人们强烈地感受到了卫星电视技术的魅力。

(2)电话连线技术对电视节目的影响

电话连线更多地运用在直播节目中,特别是对国际事件的报道。受社会经济环境、现有体制等因素的制约,除了"伊拉克战争""东南亚海啸事件"这些极具新闻价值的事件,媒体会派出记者前往新闻现场通过卫星进行现场报道外,对于其他一些无法派记者到现场或无法迅速回传图像的国际新闻,我国的电视媒体大多通过与中国的驻外记者(如新华社、人民日报、中国国际广播电台等机构的驻地记者)、当事人以及权威人士进行"电话连线"的方式播发来自现场的独家报道。

电话连线是媒体在自身实力不足、客观条件不充分,无法实现 SNG 视频现场直播的情况下所采用的一种"弱势直播"样式。一般情况下,电话连线对于资金、设备的要求较低,一部电话、一名连线记者就可以做到,操作也很便捷。但就其传播效果而言,电话连线绝对收不到使用 SNG 卫星直播技术的"视频直

---

① 陆小华:《激活传媒》,中信出版社 2004 年版,第 329 页。

播"所产生的直观传播效果。电话连线仅仅是 SNG 卫星视频直播的一个有益补充,而不是完美的"替代品"。视频直播带给受众的强大视觉冲击力与震撼力是电话连线绝对无法企及的。"9·11 事件"中,全世界数亿观众通过电视目睹了世界贸易中心两座大厦先后倒塌,如果当时观众只是听记者的电话连线报道,这种震撼力就会小得多。

第三节 数字电视技术及其对节目形态的影响

一、数字电视的概念及其特点

1. 数字电视的概念

数字电视(DTV)是相对于模拟电视而言的,数字电视是指电视节目从录制、采编、传输、接收等环节全部采用数字化技术来实现,包括数字摄像、制作、编码、调制和接收等。从技术角度来解释,数字电视节目可以是以数字方式拍摄、制作和存储的电影和电视,也可以是库存的资料片经数字化处理变换成数字信号后的节目。

数字电视可以按以下几种方式分类:按信号传输方式分类,可以分为地面无线传输(地面数字电视)、卫星传输(卫星数字电视)、有线传输(有线数字电视)三类;按产品类型分类,可以分为数字电视显示器、数字电视机顶盒、一体化数字电视接收机;按清晰度分类,可以分为低清晰度、标准清晰度、高清晰度数字电视。

当前的有线数字电视是通过采样、量化、编码将传统的模拟电视信号转化成二进制的数字信息,进行处理、传输、存储和记录,经过有线电视网络传输,再通过机顶盒接收、解码转换成数字信号。

目前,用于数字节目制作的器材主要有:数字摄像机和数字照相机、计算机、数字编辑机、数字字幕机。用于数字信号处理的器材有:数字信号处理技术(DSP)、压缩、解压、缩放等。用于传输的手段有:地面广播传输、有线电视(或光缆)传输、卫星广播(DSS)及宽带综合业务网(ISDN)、DVD 等。用于接收、显示的器材有:阴极射线管显示器(CRT)、液晶显示器、等离子体显示器、投影显示器(包括前投、背投)等。

2. 数字电视的优势

数字电视主要有以下优势：

第一,利用数字音视频压缩技术传输效率高,观众能观看到更多的节目,目前最多可以收到 300 多个频道。而有线电视网中的模拟频道只能传送 8－10 套标准清晰度的数字电视节目。

第二,数字电视抗干扰能力强,很少受其他电器的干扰,从而避免了串台、串音、噪声等影响。因此,数字电视画面稳定,画面和音响质量高,收视效果好。

第三,数字电视不再只是看电视节目的工具,它还能够提供许多增值服务,包括数据传送、图文广播、上网服务等。用户能够用电视进行股票交易、信息查询、发送电子邮件、资讯服务、视频点播、网上购物、远程教学、远程医疗、互动游戏等。数字电视被赋予了新的用途,它扩展了电视的功能,把电视从封闭的窗户变成了交流的窗口。

第四,数字电视易于实现信号的存储,而且存储时间与信号的特性无关。

二、数字电视对节目形态的影响

1. 观众成为电视人

数字电视采用了双向信息传输技术,增加了交互能力,赋予了电视许多全新的功能。数字电视提供的最重要的服务就是视频点播(VOD),VOD 是一种全新的电视收视方式,它不像传统电视那样,用户只能被动地收看电视台播放的节目。数字电视采用全数字化加密及传输技术,很容易实现加密、解密和加扰、解扰技术,经过授权的用户能在任何时候自由选择自己喜爱的节目,主动收看各类更新、更快的高质量电视节目,数字电视为观众提供了更大的自由度、更多的选择权、更强的交互能力,它传用户之所需,播用户之所点,有效地提高了节目的参与性、互动性、针对性。

2. 后期线性编辑

"非线性编辑是将节目采集到计算机后直接从计算机的硬盘中以帧或文件的方式迅速、准确地存取素材进行编辑的方式,它能够随机访问任意素材,不受素材存放时间、区间的限制。"①线性编辑是利用电子手段根据节目内容的要求将素材连接成新的连续的画面，这种传统的编辑方式的缺点是显而易见的，比如难于修改、信号磨损等。非线性编辑相对于线性编辑来说无疑是一种革命。与传统的电视节目制作系统相比，非线性编辑系统有许多优异的性能，比如可以随意改变素材的顺序，缩短或加长其中某一段；能实现多层画面的高速合成；拥有一体化字幕图形环境和完善的视音频接口；具有质量高、容量大、压缩比高和强大的网络功能等。随着技术的日臻成熟，非线性编辑系统设备日趋小型化，且功能集成度高，易于与其他非线性编辑系统或普通个人计算机联网，共享网络资源。最重要的是，在非线性编辑系统中，可以运用软件浏览素材进行编辑，直接完成作品。这是非线性编辑系统之所以在当今电视新闻节目制作中占据重要位置的根本原因。

尽管非线性编辑系统的后期制作功能并非十全十美，但相对于传统的线性编辑来说，它无疑是一个巨大的技术飞跃。电视领域的数字化革命直接影响着节目后期制作这一重要环节，这场由数字技术进步带来的电视制作方式的革命不仅是信息革命、技术革命，同时也促成了电视新闻编导思维的革命。因为这种高效便捷的制作流程极大地缩短了新闻产品从生产到下线的时间，也为电视新闻的"保鲜"提供了强有力的技术支持。

3.数字电视的前景

电视从产生到现在，经历了化学胶片到磁带，从磁带到数字化磁带，最后完全数字化的历程。

人类的数字化开始于计算机，最初的计算机语言，即"第一代语言"就是建立在0和1这样两个二进制代码的基础上，用二进制编码写成的机器语言。数字电视的技术原理主要是在数字技术基础上把电视节目转换成为数字信息（0，1），以码流形式进行传播，它把一切图像、声音信号转化为0和1组成的二进制数字信息来进行记录处理。

随着数字技术的发展，当计算机网络、电信网络、广播电视传播网络互联互通的关键技术得到解决，实现这三网合一后，一个真正的"数字电视"时代也就到来了。

---

① 〔美〕泽特尔:《电视制作基础》，复旦大学出版社1998年版，第307页。

由于数字电视兼顾了"三网"的特性,采用双向信息传输技术,从而直接提高了电视的交互能力,赋予了电视许多全新的功能,使人们可以按照自己的需求获取各种网络服务。这意味着必然会出现针对细分观众市场的频道和栏目。

通信与信息技术的迅猛发展将引发整个电视广播产业链的变革,数字电视是这一变革中的关键环节。伴随着电视广播的全面数字化,传统的电视媒体将在技术、功能上逐步与信息、通信领域的其他手段相互融合,从而形成全新的、庞大的数字电视产业。

电视数字化是电视发展史上又一次重大的技术革命。数字电视不但是一个由标准、设备和节目源生产等多个部分相互支持和匹配的技术系统,而且还将对相关行业产生影响并促进其发展。

第六章　现场事件元素及其对节目形态的影响

电视人作为重要的社会成员，他们像其他社会人一样，承担着一定的社会角色，在不断探索自然、社会和人类自身奥秘的过程中认识世界并改造世界。社会的分工不同决定了电视人认识世界的方式、方法不同，决定了电视人认识世界的对象的层次不同。本书认为，现场事件是电视人反映和认识客观世界的基本对象，电视人与其他社会成员最关键的一个区分点，就是电视人是通过现场事件这样一个元素认识世界的，是通过真实记录和反映现场事件来认识世界的（主要体现在新闻类节目的认识与生产实践中）；在一定的认识基础上，他们通过设计现场事件，借助再现、模拟现实，进一步反映世界、认识世界（设计类节目主要体现电视人的这种认识方式）。

电视人对现场事件的认识水平就是他们对现实世界的认识水平。电视人对现场事件的认识经历了一个从简单到复杂的过程，一个从认识自然现场事件到设计现场事件的过程，一个从单一节目形态认识到多元节目形态认识的过程。认识和研究现场事件，不仅是电视人认识世界的途径，而且是电视人认识节目形态的途径。现场事件的认识水平是与电视人认识世界的水平，与他们对节目形态认识水平相一致的。现场事件是影响电视节目形态的一个重要元素，也是电视人深刻把握节目形态的一个重要途径。

第一节　现场事件的概念

一、现场事件的概念及其三种存在方式

1. 现场事件的概念

"现场""事件"本来指两个相互区别的概念。"现场"有两层意思：一是指发生案件或事故的场所以及该场所在发生案件或事故时的状况；二是指直接从事生产、工作、试验的场所。"事件"是指历史或社会上发生的不平常的大事。

我们这里所说的"现场事件"是一个概括性概念，它指电视人的实践对象、认识对象、反映对象，是一个可以经过电视技术的处理、加工而变成以电视节目形态存在的客观实在。它既可以是记录的新闻事件、新闻事件的现场，也可以是非事件性的现场、环境，还可以指主体在一定时空的生存状况或发展、变化过程。

现场事件可以是一个过程，这个过程是主体与其他事物的相互关系及其发展变化。这个过程既可以是和谐统一的，也可以是矛盾冲突的；可以是在一个确定的时间、空间里发生，电视人可以通过电视技术记录其生存环境，记录其发生、发展的真实过程，也可以是直接用声音、画面、图表以及其他符号及其运动表征的具有一定意义的故事（如动画片、虚拟演播室）。

现场事件的主体可以是人、动物、植物，也可以是一种自然现象，如风、雨、雷、电，还可以是声音、画面、图表以及其他符号及其运动表征的具有一定意义的故事。

2. 现场事件的三种存在形态

电视人认识世界的对象是现场事件，观众则通过观看电视节目来认识这个现场事件，这个电视节目是经过电视人处理加工，以节目形态表现的现场事件。对于观众来说，这种认识是建立在对电视人的认识基础之上，是一种间接认识的方法。对于这种现场事件，观众也可以采取直接认识的方法，直接参与现场事件，只是这样做要么不现实、不可能，要么没有必要。或者还可以用另一种方式表达，那就是电视人的职责——专门为观众提供现场事件。现场事件的方式

是多种多样的,存在着不同层面的概念,下面来具体分析介绍：

(1)客观现实的现场事件

客观现实的现场事件包括自然现场事件和电视人设计的现场事件。所谓自然发生的现场事件,是指现实世界中自然发生的事件,它的产生、发展、变化与电视人无关。自然界事物的自发过程、社会生活中人们的各种行为,只要不是在电视人的授意、安排下,都是自然发生的现场事件,简称"自然现场事件"。自然现场事件通过电视节目呈现后,属于新闻类节目。电视人对自然现场事件的报道原则是实事求是,保证所拍摄的现场事件要与现实发生的事件现场相一致。

所谓以电视传播为目的而设计的现场事件,是指设计主体(它可以是电视人或其他个人或组织)为了获得预期的电视传播效果,达到一定目的,有意设计、安排、策划的一个现场事件(它包括选择和设置场景,选择活动主体,设计活动规则,设计竞争利益等,原则上是一种游戏),供电视(也包括其他媒体)传播报道。

现场事件具有以下特点：

- 主体是现实生活中的人、事物或一些表征符号；
- 主体的产生、发展、运动、存在状态等行为具有一定价值,可以表征一定意义；
- 自然发生的现场事件具有时过境迁、转瞬即逝、一去不复返、不可重复的特性；
- 电视人设计的现场事件具有电视人可以不断对其进行补充、修正、完善的特性。

(2)节目形态的现场事件

节目形态的现场事件是指电视机中用视频图像表示的、以电视节目形态呈现,供观众收看的现场事件,其特点包括：

- 由画面、声音、字幕图表等符号组成平面影像；
- 有表征特定意义的影像运动；
- 可以储存于一定的物质载体,可以移动和反复再现、观看。

(3)观念形态的现场事件

观念形态的现场事件是指人们对客观现场事件或电视节目形态的现场事

件的一种记忆和认识,其特点包括:
- 以一种抽象的思想观念的形态存在;
- 是收看电视节目之后,渗透着人们价值观的认识。

这三种形态的现场事件在整个电视传播系统中形成了一个如下的逻辑链条,如图6-1。

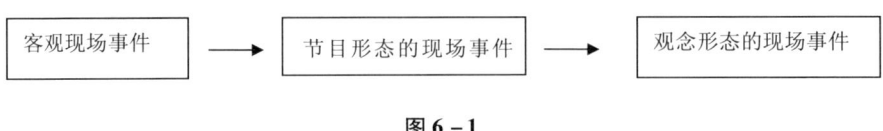

图6-1

这个逻辑链条可以这样理解:客观现场事件是可以被电视人介入并记录的现场事件,包括自然现场事件的新闻节目和电视人设计的设计现场事件。客观现实事件首先要被电视人理解、选择,然后经过电视技术的处理,转化为节目形态的现场事件,然后这个节目形态的现场事件用一种可以移动、复制的物质所承载并传播给观众,观众通过观看节目形态的现场事件来认识这些表征现实客观现场事件的符号所代表的意义和价值。整个过程可以用下面这个流程图(图6-2)加以演示:

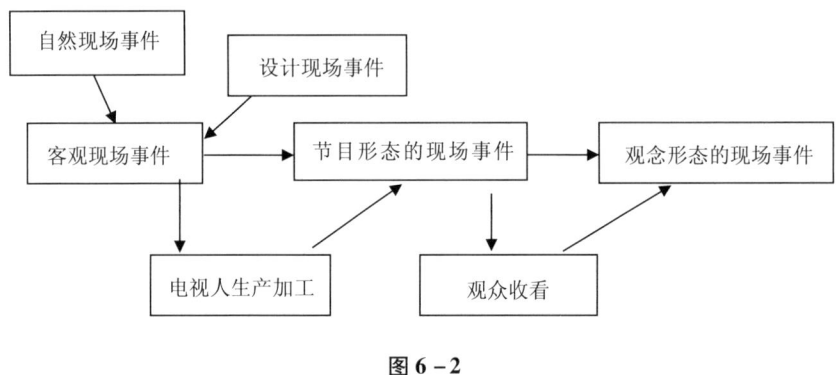

图6-2

二、在电视人认识世界的框架中分析现场事件

为了深刻理解现场事件在电视节目生产中的重要意义,我们把它放在电视人认识世界的这样一个哲学层面上来把握。

从认识论的角度看,我们所处的世界可以分为客观现实世界和主观认识世

界。客观世界是独立于人类思维而存在的,包括人类自身的现实存在;主观认识世界是人类对客观世界的认识、观念、思想,以文本的形式存在。文本是一个概括性很高的概念,它包括文字、图画、声音、符号等一切用来表示现实的存在。文字写成的书籍、声音画面构成的广播电影电视、摄影照片、绘画作品等都是文本。

人类自诞生以来,为了生存和发展,不断探索着客观现实世界,与此同时,认识自我的不懈努力一刻也没有停止过。根据人类认识的对象、角度、层面的不同,借助的工具不同,也就形成了各种各样的认识成果,如各种类型的自然科学、社会科学、人文科学、人类思维科学等。这些认识成果、精神产品,以所谓文本的形式记录保存起来,它们共同组成一个文本世界。这个文本世界由所有的思想、观点、认识所组成,这个文本集合最终构成人类的主观认识世界。

电视节目是电视人借助电视技术对现实世界的反映和认识,是电视人认识世界的产品,属于主观世界,电视节目也是文本世界的一部分。电视技术所具有的特殊性,决定了电视人探索现实客观世界的对象及其方式、方法的特殊性,决定了电视人探索客观现实世界成果的特殊性,把握电视人认识世界的关键就是要对现场事件进行认真研究。

1. 电视人通过对现场事件的认识来反映和认识客观现实世界

这个认识流程如下(图6-3):

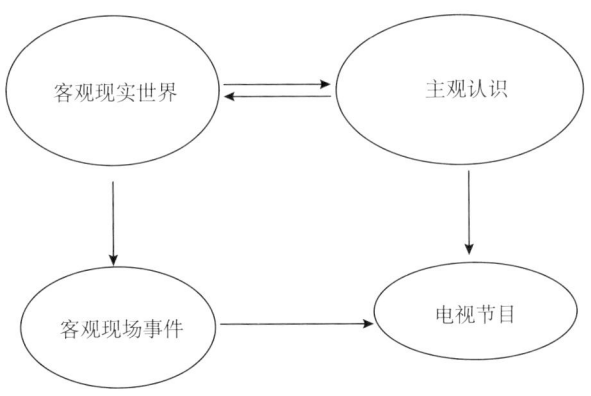

图6-3

电视人是通过客观现场事件认识世界的,具体表现在两个方面:

一是对客观现场事件的选择。一个客观现场事件是否能进入电视人的视野,能否成为大众传媒的传播对象,完全取决于电视人对该客观现场事件的认识,包括电视人的价值取向、利益取向、文化知识等。

二是对客观现场事件的编辑加工。即使一个客观现场事件能被电视人选中,最后报道采取的角度、素材的取舍等无不或多或少地渗透、体现着电视人对该客观现场事件的认识。

电视人认识世界的成果是用电视节目这样一个文本来表示的,在这个电视节目的文本集合中,由两个部分组成:

一是真实记录。电视人利用电视技术,运用画面(形象、动作)、声音、音响把客观现场事件记录下来,对客观现场事件形成初步认识。

二是补充认识。节目形态的现场事件是要表征一定意义的,这个意义或者本就存在(如新闻类节目),或者是电视人附加的(如设计类节目)。现场事件中的意义,如人物的思想、意图、目的、时间、地点、名称等,仅靠电视摄像技术记录的现场元素远远不能表达清楚,因而电视人要添加一些自己的认识来充分表达。不同的电视人对同一现场事件有不同的看法,于是便表现出电视节目的五彩缤纷。电视人的补充认识是用非现场元素如主持人、播音员的讲解、字幕解释、音乐烘托等形式来表现的。

不管是自然现场事件还是设计现场事件,电视人的认识过程总是把客观现场事件的表现元素转化为节目形态现场事件的表现元素(表6-1)。

表6-1

现场事件	客观现场事件的表现	节目形态现场事件的表现	观念形态现场事件的表现
自然现场事件	1. 人、物、环境及三者关系; 2. 现场事件以三维立体空间的形式存在。	1. 现场元素:画面、声音、音响; 2. 非现场元素:电视人(主持人、播音员)、字幕、音乐; 3. 现场事件以平面影像的形式存在。	自然现场事件的观念存在导致其价值存在、美学存在、社会存在、利益存在。
设计现场事件	1. 电视人选择设计的人、物、环境及其关系; 2. 三维立体空间的形式存在; 3. 主体可以是人、物,也可以是表征符号。	1. 现场元素:画面、声音、音响(与电视人选择设计相关联); 2. 非现场元素:电视人(主持人、播音员)、字幕、音乐; 3. 现场事件以平面影像的形式存在。	设计现场事件的观念存在导致其价值存在、美学存在、社会存在、利益存在。

2. 客观现场事件在电视人认识客观现实世界中的重要作用

（1）客观现场事件是电视人反映客观世界的对象

电视节目既可以反映自然现象，也可以反映社会现象，它的认识对象是客观现场事件。客观现场事件是电视节目生产的素材来源，是电视人认识世界的基本单元。电视人认识客观现场事件的过程，就是把客观现场事件转化为节目形态的现场事件，就是用形象直观的文本表示客观现场事件。在认识世界的大家族中，相比其他学科，如文学、数学、哲学，电视节目作为现实世界的映照，与现实世界"距离"最短，也最接近。电视的最基本要求就是：现场发生了什么，现场事件是什么，电视节目就展示什么。

电视人与其他社会成员在认识世界方面存在差别：

自然科学是研究自然界各种物质和现象的科学，它的目的是揭示自然现象的本质和规律，它的对象是自然界中运动着的物质、物体。

社会科学是关于社会现象的科学，它的任务是研究和阐述各种社会现象及其规律，它的对象是社会现象。

文学家把自己对社会的认识用文字表达出来，出版成书籍供读者阅读；

画家用不同的颜料将客观事物画在各种各样的载体上，如纸、布、石头等；

数学家运用符号、字母、数字、公式、原理、定理来表示客观世界的规律；

物理学家运用质量、重量、速度等来反映力学规律，运用电流、电压、电量等来反映电子学规律……

电视节目则将客观现场事件转化为节目形态的现场事件，是一个由声音、画面组成的节目文本。它将节目文本物化，负载于一个可反复研究、可携带的物质载体上。节目形态的现场事件中的声画等符号运动与其所反映的客观现场事件中的事物、人物及其运动，从声音到画面是完全对应的。客观现场事件完全决定着节目形态现场事件的影像文本。影像节目文本记载的是电视人对客观现实世界的认识，准确地说是对客观现场事件的认识。

（2）现场事件是电视人认识客观世界的对象

电视节目是电视人对所反映的客观世界的认识成果，每个电视节目都包含着电视人对该客观现场事件的认识。任何电视节目都是电视人对客观世界、现实社会存在的反映，都是带有他们对客观现场事件的一定认识的产品。认识的正确与否、肤浅或深刻都会直接影响到电视节目的质量。

新闻媒介作为社会公器,客观公正、真实全面地反映自然、社会,如实反映客观现场事件的本来面目是第一要务。电视节目要客观公正,不能带着电视人自己的观点,这也是一名新闻工作者的基本素养。但这并不是不要求电视人要有对现实世界的认识、对客观现场事件的认识及价值取向。虽然新闻报道不代表个人认识,但电视人对现场事件的认识却隐藏在其中。事实上,电视人只有深刻把握了现场事件的意义,才能真正做到"用事实说话"。

(3)设计的现场事件是电视人对客观世界的间接反映和本质把握

如果说自然现场事件的电视节目是电视人对客观现实世界的直接反映,那么设计现场事件的电视节目则是电视人对客观现实世界的间接反映。在认识世界的道路上,电视人对客观现场事件的认识在不断深化,最明显的表现就是对设计现场事件的认识与深化。

在人类认识的历史长河中,认识对象的范围越来越大,研究层次越来越深入,当人们从根本上把握了自然界和人类社会的规律,便创造出一个又一个人造物品,一个人造的科学"物化"世界就这样形成了。今天,我们的生活空间里自然的、原生态的元素越来越少了。科学的发展改变了我们的生活环境,空间被科学"物化",服装面料已经可以不用棉花,食品当中可以添加若干物质,材料科学改变了人们的衣食住行,飞机、汽车等交通工具扩大了人们的生活空间。可以说,我们所生存的世界越来越多的是按照适合人类生存的需要在设置。比如,科学家根据植物的生长规律对其进行改良,培育出适合人类生长、发育、发展的粮食品种,甚至直接生产人体所需的人工食品。再如,科学家掌握了人类的胚胎发育规律,因而创造了试管婴儿等伟大奇迹。

不仅物质世界被人类改变着,精神世界也被不断"创造"着,其中影响人们生活方式的媒介就大行其道,一个电视社会、媒介社会正在形成。媒介人、电视人设计的现场事件越来越充斥着这个社会。电视不仅记录着社会,而且书写着社会,这种主动性来自于电视人对世界、对社会的本质认识,特别是来自于电视人对客观现场事件的本质把握。

自然现场事件是电视人认识设计现场事件的基础。只有充分认识了自然现场事件,只有深刻理解了观众的收视规律,电视人才能创造性地设计现场事件,最大限度地不断满足电视观众的收视需求。

观众关心自然现场事件的真实性、趣味性、刺激性、故事性等,而电视人则在节目生产过程中发现这些属性可以直接生产，从而满足观众的需求。对于真实性，观众有时候并不太在意，此时电视人就要直接创造有趣的故事、刺激的过程，而不必去探寻原因、追求结果，不必等待现实世界事件真实发生。同时他们也发现，有些设计的现场事件是现实中很难发生或根本不会发生的，即使现实社会存在类似的事件，如果去真实记录这样的现场事件，其效果也不会很好。他们常常发现，现实中这些故事要么很粗糙，其中含有许多不合观众心意、节奏拖沓的成分，要么存在一些与电视人所传播的主题相悖的内容。面对这样的情况，如果事实的真实性对于观众而言无关紧要，电视人就可以直接生产设计现场事件，这样的产品由于在单位时间内包含的信息量最大，无效信息最少，因而更受观众喜欢。

设计电视节目所反映的现场事件，虽然不是对现实中正在发生的现场事件的一对一摹本，但这并不能说这类设计现场不是对客观现实世界的反映。它并不是凭空杜撰的，它也是对客观世界的反映，只不过是一种间接的反映而已。

设计现场事件的节目是电视人对众多现场事件点点滴滴的认识的升华和对其本质的把握，它来自电视人对观众收视规律、社会发展规律等认识的总体把握。电视人之所以能设计出好看的现场事件，首先是因为他们把握了电视传媒的诸多客观规律。比如：节目内容要深刻揭示现场事件发展过程中矛盾的冲突性、故事的戏剧性；节目编辑制作要科学认识和准确运用节目画面、音响、灯光；不仅如此，在收视上，还深刻认识观众的收视兴趣和需求。如真人秀等具有表演性质的节目，它们虽然反映的不是正在发生的自然现场事件，但它们的背后往往渗透着日常生活中实实在在发生的各种元素，这些元素是电视人从现实中提炼和浓缩出来的，更具有可视性，更能反映人的本性，更能满足观众的需求，因而更受欢迎。这也说明，设计类节目形态更加体现了电视人的主观能动性，展示了人类征服世界的聪明智慧，是电视人积极主动地对现实世界的再现。

第二节　现场事件对节目形态的影响

一、现场事件存在的层次性

任何一个电视节目所反映的对象都是一个客观现场事件，它可以分为自然现场事件、设计现场事件两种。

如果把自然现场事件看作一个系统,它又可以分为各种各样的子系统,如自然风光类、动物世界类等。

如果把设计现场事件看作一个系统,它又可以分为多种多样的子系统,如设计几个团队比赛技能的:比厨艺、比唱歌、比判断力、比记忆力、比抗干扰力、比胆量等。

按照系统层次的观点,我们把客观现场事件系统作为第一层次的系统,它分解后的子系统——自然现场事件、设计现场事件作为第二层次,以此类推第三层次、第四层次等。

假设 C 表示客观现场事件,C1 表示自然现场事件,C2 表示设计现场事件,那么 C 就可以分解为第二层次的 C1、C2 两个不同类型的现场事件,C1、C2 就决定着相对应的两个不同类型的电视节目形态。同理,C1 可以分解为第三层次的 C11、C12、C13、C14、C15 等,C2 可以分解为第三层次的 C21、C22、C23、C24、C25 等(如图 6-4)。

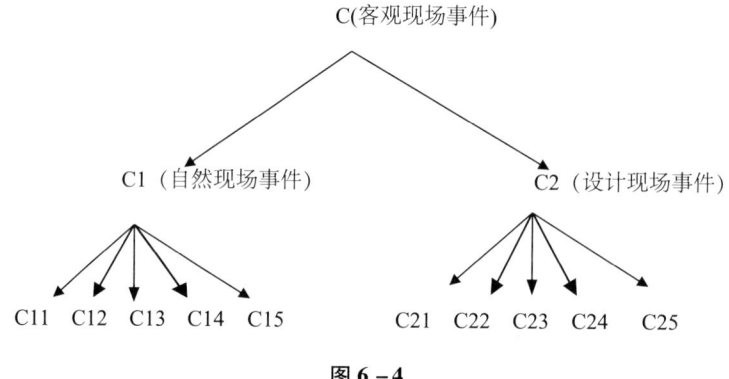

图 6-4

对图 6-4 的解释,还可以这样表示:

C 含有两个类型 C1 和 C2,则,C = (C1,C2)

C1 = (C11,C12,C13…)

C2 = (C21,C22,C23…)

则,C = (C1,C2) = (C1 i,C2j) = (C11,C12,C13…,C21,C22,C23…)

其中 C1i(i = 1,2,3,4…)代表 i 个自然现场事件

C2j(j = 1,2,3,4…)代表 j 个设计现场事件。

(1) 自然现场事件类节目形态(简称 C1 节目形态)

自然现场事件类节目形态指那些对应于自然现场事件的电视节目所组成的集合,凡是自然现场事件类节目形态的节目,它必须如实反映客观现实社会中发生的真实事件,保证节目形态的现场事件与现实的现场事件一致。电视人不能人为地增加或删除现场事件的元素(如人物、人物语言、人物行为等),必须做到客观现场事件的元素与电视节目形态的元素一对应一、二对应二。真实性是此类节目的第一属性,也是第一要求,新闻类节目就属于这一类节目形态。

(2) 设计现场事件类节目形态(简称 C2 节目形态)

设计现场事件类节目形态指那些对应于设计现场事件的电视节目所组成的集合,如真人秀电视节目。设计现场事件类节目形态中所对应的客观现场事件是人们设计出来专为电视传播使用的,这里所设计的现场事件可以对事件的全部元素进行人为设置,也可以对部分元素进行设置;可以设置现实社会中存在的,也可以设置现实社会中根本不存在的。观众认可是设计现场事件类节目的目标和原则。

二、设计现场事件与"媒介事件"

设计现场事件是电视人设计的所有通过电视媒介传播的具有一定意义的事件、活动。我们这里所说的现场事件,是一个抽象的概括性概念,指电视人的实践对象、认识对象、反映对象,是一个可以经过电视技术的处理、加工变成以电视节目形态而存在的客观实在。

关于设计现场事件研究,最重要的著作有丹尼尔·戴扬与伊莱休·卡茨著的《媒介事件》、威尔伯·施拉姆与威廉·波特的《传播学概论》。他们把设计的现场事件定义为"媒介事件"。比如施拉姆说,"丹尼尔·波尔斯丁用历史学家的眼光来观察当代的生活,在一些年前就察觉到,当前的历史开始充满他称为'有意安排的事件'——主要是制造出来供媒介作报道的事件。换句话说,不是随着新闻的潮流行动,灵巧的人学会了怎样推动新闻本身。"[1]这种制造出来专门供媒体报道的事件就是媒介事件,丹尼尔·戴扬的解释是:"关于那些令国

---

[1] 〔美〕威尔伯·施拉姆、威廉·波特:《传播学概论》,陈亮、周立、方李启译,新华出版社 1984 年版,第 272 页。

人乃至世人屏息驻足的电视直播的历史事件。主要是国家级的事件。这些事件包括划时代的政治和体育竞赛;表现超凡魅力的政治使命;以及大人物们所经历的过度仪式——我们分别称之为'竞赛''征服'和'加冕。"① 同时,在丹尼尔·戴扬、伊莱休·卡茨合著的《媒介事件》中,"竞赛""征服"和"加冕"也就该书所说的设计现场事件(如图6-5)。

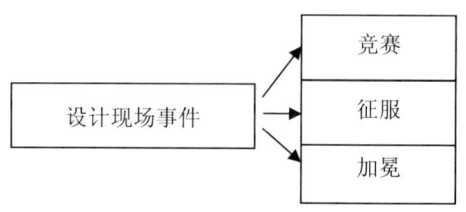

图 6-5

1. 关于"竞赛"类的现场事件的设计

竞赛,就是相互比赛、争取优胜。"竞赛活动是建设以规则为基础的社会机制的训练场"②,"竞赛让势均力敌的个体或团体相互对抗并按严格的规则进行竞争"③。竞争过程的可视性是电视人设计"竞赛"类现场事件的主要原因。在选择设计现场事件,电视人遵循的主要原则是:矛盾的冲突性、参与双方的差异性、对抗过程的戏剧性,这种对抗的表现形式从争夺性命到争夺金钱、名誉、地位。今天我们观看的节目中这样的类型非常多,电视人创造、设计了许多类型的竞赛节目。如,比知识掌握的多少、比技术精湛、比集体的合作默契、比厨艺、比唱歌、比判断力、比记忆力、比吸引力、比抗干扰力、比胆量、比职业技能等。

这种以游戏为特征的竞赛是社会生活的映照。"媒介是游戏的代言人,而游戏是社会生活的代言人。"④这种映照也是观众喜欢观看这类节目的原因。尽管设计类节目是电视人创造出来的,但这种创造的背后却是人们熟悉的现实生活的残酷竞争的本性。从体育界的世界杯比赛、奥运会比赛到政治上的总统竞选辩论,从智力竞赛到选美大赛,一个个设计的现场事件吸引着观众的眼球。

---

① 〔美〕丹尼尔·戴扬、伊莱休·卡茨:《媒介事件》,麻争旗译,北京广播学院出版社2000年版,第1页。
② 同上,第33页。
③ 同上,第39页。
④ 同上,第34页。

这些被设计的现场事件也把电视的社会价值推向极高的地位。就像古罗马贵族在斗兽场观看人与猛兽的角斗或人与人之间的决斗一样,如今电视人把角斗场搬进了演播室,设置在森林或美丽的别墅里,使当年只有贵族才能享受的感官刺激普及到了平民百姓,普通观众坐在家里就可以通过电视机观看"你死我活"的"角斗"了。

2. 关于"征服"类现场事件的设计

征服往往要求打破规则,把几乎不可能完成的事情完成。每一次征服表现出的都是英雄主义、杰出功绩、超凡魅力、打破僵局、创新等具有爆发力的要素,而所有这些要素都是电视设计类现场事件节目的极好素材。如人类征服自然、探索月球的电视节目直播,观众通过电视节目目睹了人类的伟大。

3. 关于"加冕"类现场事件的设计

加冕,是某些国家的君主即位时所举行的仪式。丹尼尔·戴扬、伊莱休·卡茨合著的《媒介事件》一书指出,加冕完全是指一种仪式:游行、葬礼、死亡、就职、皇室事件(伊丽莎白二世的加冕、查尔斯王子的婚礼),众所周知的奥斯卡金奖晚会就是在还原得胜将军凯旋的辉煌的迎接仪式。这里的加冕仪式成了英雄的人生驿站、人生旅途的光辉点,所有这些设计类现场事件都是电视节目的极好素材。

加冕的规则是由传统强加的,而不是经协商同意的,"加冕有赖于对传统的深深的信仰以及对传统召唤为统治者的服从的必要性的信仰。"①

丹尼尔·戴扬和伊莱休·卡茨在《媒介事件》中所说的"竞赛""征服"和"加冕",三者本来没有因果关系,是相互平行的三种设计现场事件,但如果把它们放在一个事件的过程中,这三个设计现场事件便具有了前后因果关系,形成了三个连续阶段:即在竞赛中一方征服战胜对方获得胜利,成功者得到加冕。这三种设计现场事件形成了一个如下的逻辑链条(图6-6)。

三、设计现场事件的不同目的对节目形态的影响

设计类现场事件节目形态的元素包括设计主体、设计目的等,但其中影响

---

① 〔美〕丹尼尔·戴扬、伊莱休·卡茨:《媒介事件》,麻争旗译,北京广播学院出版社2000年版,第48页。

```
"竞赛" → "征服" → "加冕"
```

图 6-6

一个节目的形态的主要元素是设计目的,设计者不同并不会影响节目形态的变化,节目形态与设计者、设计目的的相互关系如下表6-2。

表6-2 节目形态、设计者、设计目的关系

设计者	传播方式	设计目的	节目形态
电视人	电视传播	新闻节目	媒介假新闻
电视人	电视传播	娱乐节目	媒介事件
非电视人	电视传播	新闻节目	媒介假新闻
非电视人	电视传播	娱乐节目	媒介事件
任何人	非电视传播		客观自然现场事件

第一类:电视人设计现场事件的目的是报道新闻,他是以牺牲现实世界真实发生的事件为代价,自己策划设计节目,这样的节目就是媒介假新闻、虚假报道。

第二类:电视人设计现场事件的目的是娱乐观众,观众很清楚电视节目内容的来源,如真人秀节目,电视人可以策划婚礼、庆典活动,策划各种技能比赛活动并做成节目播出,这属于媒介事件节目。

第三、四类:非电视人设计的现场事件并以电视传播为目的,其节目形态与电视人设计一样。

第五类:这一类讲的是任何人策划事件、活动的情况。只要不以电视传播为目的,这种情况都属于客观自然现场事件。人作为一个有目的、有意识的社会活动主体,每天都是自觉不自觉地策划、创造各种事情,也就是我们这里所说的客观自然现场事件。所以,第五类泛指社会上每天发生的事件。

要判断一个节目是什么样的节目形态,并不在于判断设计的主体是否是电视人,而主要看设计事件的目的。实际上,社会上有一类叫"新闻经理人"[①]的

---

① 〔美〕W. 宣伟伯著:《传学概论——传媒·信息与人》,余也鲁译述,香港海天书楼出版发行1983年再版,中国希望出版社1985年影印本。

人,他们虽然不是电视人,但非常清楚媒介巨大的社会作用。他们是深谙新闻规律的"新闻专家",是处理新闻发布的"新闻经理人",是一群十分善于利用媒介的人。他们既是传播者,又是中间商。这个"新闻经理人"是一个独立于媒介和事件主体的第三方,一个专门经营新闻行业的从业人员。不管现场事件的设计者是电视人还是社会上的其他人、其他组织,只要是为了电视传播之目的而设计现场事件,那么这个事件就是媒介事件。

尽管媒介事件都是为了电视传播,但有的是为了制造新闻,有的是为了娱乐,这样两个不同的目的又形成了两种电视节目形态。为新闻传播而设计现场事件,是媒介假新闻;为电视娱乐而设计现场事件,是媒介事件。

第七章 三元论在节目评价中的应用

第一节 节目评价概念及现状

一、电视节目评价概念

电视节目评价是指按照客观、公正、科学、真实的原则,对影响和承载节目价值的各项因素进行定性和定量、系统性的评价和估值,它是电视媒体或社会机构按照一定的原则、标准和方法,对节目质量及其产生的经济和社会效益进行的评定和估算,属于节目管理的一种方法。

在实际工作中,节目评价的目的包括:可以相对准确地估计出节目的价值,供节目交易和广告销售参考;让节目生产者正确认识其节目的质量,不断提高制作水平;为电视节目生产者的绩效评价管理提供重要参考指标;为电视台工作人员收益分配提供标准。

节目评价要注重客观性和实用性,一般来说,节目评价应该坚持以下原则:

1. 公正性

由于节目评价与节目交易、广告销售和电视台内工作人员的绩效评价有关,因此,节目评价不应该由任何一个与节目评价结果有直接联系的个人或机构来进行,而应该借鉴其他行业已经比较规范和成熟的评价规则,形成以市场评价为基础,以社会权威中介评价机构为主体,以政府积极推进、引导和监督为保证,以观众满意为宗旨的总体评价机制。通过授权的第三方机构,借助专业评价人员来评价节目,这是评价结果公正性的有力保障。

2. 广泛适用性

节目评价可用于电视节目价值链的各个环节,用于不同电视台和电视频道之间的比较。因此,评价标准必须具有广泛适用性、相对稳定性,并得到行业各方人员的共同认同。

3. 完整性和可分拆性

评价可以用于对节目的整体价值进行综合评价,也可以用于对节目的部分价值进行抽离评价。节目评价一方面需要有完整性,以便对节目整体价值进行评价;另一方面又需要有可分拆性,不同的应用主体,可以用不同的子系统对自己所关注的方面进行合理的评价。

根据评价对象的不同,传统的节目质量评价可分为内容评价和效果评价。内容评价是对节目自身内容和形式的评价,效果评价是对节目播出后所取得的收视效果和经营效果的评价,是从侧面对节目质量的了解。我们在本书中建构的节目评价体系就是对节目生产过程的评价。

二、传统电视节目评价指标

1. 商业价值评价:收视率评价

这种电视节目评价指标以收视率和市场为中心,着重寻求节目质量和市场的关系,评价手段和目的与市场紧密相连,世界上很少有哪个国家在广播电视媒介的商业性质方面体现得像美国那样彻底。美国模式决定了它的媒介产品必须以商业经营的好坏来定义文化表现的优劣,同时决定了其媒介运作的核心就是围绕受众,以收视率为主要节目评价指标。在美国,电视台必须播出那些能够吸引尽可能多受众的节目,来争取高的收视率,从而获得广告客户的青睐。

收视率统计最精细的当属日本。有材料显示,日本报纸、杂志上有各种各样的收视排行榜,最绝的是他们将收视率精确到一分一秒,有所谓最后一分钟收视率、最大瞬间收视率。收视率在日本已经成为决定节目死活和身价的唯一标准。为了追求收视率,某电视台竟然同犯罪团伙合作,编导与盗窃者约定,一个去偷,一个去拍,相安无事,各不相扰,根本不顾及社会影响。[①]

我国电视行业走过了近 60 年的历程,从 1958 年北京电视台(中央电视台的前身)开播至今,随着我国经济体制实现由计划经济向市场经济的转变,电视媒体

---

① 王瑞根:《收视率逼疯日本电视台》,《国际广告》2005 年第 1 期。

的性质也相应发生了变化,随之而来的是电视台管理体系的变化。电视节目质量是电视台的立身之本,因而对电视节目进行正确评价,是电视台管理工作的核心。

我国电视台尝试以各种方式对节目进行评价,经历了由早期侧重于泛泛了解传播效果(通常采取观众来信、观众座谈等直接测评的方法),逐步转向将收视率、满意度、专家测评等量化指标纳入节目评价体系的一个过程。

第一阶段:简单随意的主观评价阶段。

20世纪80年代以前,我国没有严格意义上的电视节目质量评价实践,造成这种局面的原因与电视媒体当时的"完全事业单位"性质分不开,节目评价标准与媒介的性质紧密相关。

完全计划经济体制下的电视媒体,喉舌功能独大,符合党的宣传口径是电视媒体的主要价值取向,社会效益成为电视媒体的主要价值取向,在节目的评价过程中,电视台领导与专家是节目评价的主要力量。而且,当时频道资源短缺,观众没有选择电视节目的余地。电视台处于实实在在的卖方市场,可以主导节目的制作和播放,电视观众是电视媒体实现其宣导功能的受体。

但是,这样的评价主观性太强,一般只用于电视台内部管理,以领导和专家为主的评价是"传播者本位"为主导的评价,这样的评价不考虑节目的市场经济效益。

第二阶段:指标多样化的发展阶段。

从20世纪80年代中期至90年代中后期,在激烈的市场竞争中,传播模式由"传者本位"向"受众本位"演变。媒体开始重视受众的意见,引入了针对受众需求的收视率、满意度等国际指标,与市场相连的经济效益指标逐渐成为节目评价的主导因素,节目评价朝着多样化方向发展。

1986年7月1日,上海电视台正式委托上海市城乡调查队进行收视率调查,此举拉开了整个中国收视率调查的序幕。1987年5月,中央电视台主持了首次全国电视观众调查,收视率正式进入中国电视业。20世纪90年代初期,收视率调查还带有很明显的非市场性特征,调查数据仅用于媒体内部管理。90年代中后期,随着电视收视市场的竞争日益白热化,收视率成为了反映电视节目质量的重要指标,收视率的加入,使电视节目的市场化有了较为准确的参照标准。

2. 公共价值评价:满意度评价

公共电视诞生60多年以来,BBC、PBC、NHK等公共电视机构不断探索适合自己的节目评价体系和收视调查方法。在经营和节目采制上试图独立于政府控制和商业影响的西方公共电视系统,在评价节目时面临着使命与效率的冲突,它们试图将收视率与欣赏指数(满意度)结合起来。

满意度是观众对电视节目满意程度的指标,是收看过某一节目的观众对该节目给自己的视听感受所做的评价。满意度评价指标的提出,弥补了以收视率为单一指标的片面性。满意度评价指标通常为百分制,将收看节目的时期定义为过去的 30 天,由过去 30 天内收看过某一节目的观众对节目给自己的视听感受进行评价,最高分为 100 分,最低分为 0 分。观众满意度通常只受观众收视偏好、对节目的预期和节目质量的影响,与节目的收视率和观众规模关系不大。节目满意度是反映节目品质的最核心指标,可以细化为对节目名称、内容、形式、播出时间、主持人的满意度等,供电视台更具体、更全面地评价节目。

公共电视放弃了商业化的运营,可以相对较少地受收视率高低的约束,不强调市场效益,向观众提供节目和多元化的观点,重视满意度但不排斥收视率。不过收视率依旧是其评价系统的关键内容,电视节目从根本上说还是取决于观众的支持力度,取决于收视率的高低,因为收视率的高低直接影响着外界的赞助。所以"收视率"仍然代表着节目的影响力和普及率,仍然是电视节目评价中的主要指标"[1]。这就像 1976 年美国公共电视网 PBS 总经理劳伦斯·格拉斯曼(Lawrence Grossman)所言:通过对收视率进行研究,可以说服国会议员;通过制定合适的节目策略可以吸引赞助人[2]。

3. 节目内在质量评价:欣赏指数评价

对欣赏指数的调研最早应用于英国广播公司(BBC)对电台节目品质的研究,20 世纪 60 年代末被引入电视领域,到 80 年代逐渐发展成为比较成熟的节目评价方式,成为衡量电视节目质量的重要标准。欣赏指数具有一定的独立性,与节目的时段、时长无明显关系,因而可以用于比较不同频道、不同定位的节目,是一个反映电视节目内在质量的稳定标准。公共电视因为其"公共"性质,重视"欣赏指数"是必然的。

欣赏指数和收视率并不是两种互相替代的指标。欣赏指数偏向对节目素

---

[1] Eastman, S. T., Ferguson, D. A., *Broadcast/Cable Programming: Strategies and Practices*(5th Ed.), Wadsworth Publishing Company, 1997.

[2] 赵曙光:《媒介经济学案例分析》,华夏出版社 2004 年版,第 37 页。

质的衡量,收视率则更偏重于衡量收看节目的观众数量。所以公共电视系统并非以欣赏指数替代收视率,而是将二者综合起来进行评价,以准确判断公共电视的节目价值。

三、传统节目评价体系的局限

现在的节目评价体系是在电视节目管理,电视节目产业化、商品化的过程中逐渐形成并完善的,但存在以下几个方面的局限性:

第一,以电视实务为主,理论性相对不足。从而使节目评价实践与理论脱节,缺乏系统性。

第二,主要是从节目收视效果出发进行评价,即限制在电视节目的消费系统,没有涉及电视节目的生产系统、传播系统;即使涉及电视节目生产的过程(播前、播中、播后)的评价,更多的也是播后的评价,这就使评价的内容单一、片面,缺乏全面性。

第三,对节目生产的指导性差。收视率的评价只知道结果,看不出问题所在,因此找不出是电视人、技术、现场事件哪一方面出现了问题。另外,领导、专家的评价指标不确定,各自一套,难免导致评价的随意性,同时,也很难让评价者拿出一套相对科学的评价指标。

从节目收视效果出发,把收视率当成节目评价的唯一指标,进行"一刀切"式的评价,不仅会使评价变得单一,而且还会使得很多地方电视台在电视节目的制作和播出过程中一味地追求收视率,容易导致电视节目低俗化现象的出现。

无论是从节目生产实际的需求、节目资源管理的角度,还是从评价理论体系的自洽性上看,电视行业都需要有一套能对电视节目进行全面考量的节目评价体系,通过科学严谨的评价体系,使节目管理由模糊向精确过渡,使节目管理与节目评价相结合,深入到节目生产的各个环节,深入到节目微观层面,实现媒介资源的优化配置与最大化利用。科学的节目评价体系应该是一个有机系统,是一个各元素之间至少具有关联性、同源性和完备性三个特点的系统。

关联性是指这些评价指标是一个不可彻底分割的组成部分,如果用一些毫无联系的指标去评价一档节目,人们就会质疑指标的选择是否随意、是否科学。

同源性是指评价指标来自同一系统平台，评价的话语体系属于同一层面。同源性可以保证节目评价体系的融洽与统一。

完备性是指评价指标可以对所有节目进行评价。换句话说，任何节目都可以通过选择的指标进行评价，实现节目评价系统自身封闭的完备功能。我们运用电视节目形态结构三元论的思想和方法，试图建立一个节目评价体系，为电视节目评价提供新方法、新思路。

第二节　三元论在节目评价中的应用

节目评价体系的科学性、全面性决定着一档电视节目的质量，是电视节目质量不断提高的保证。但是，评价体系必须建立在一定的准则之上。怎样才能建立一个全面而又科学的电视节目评价体系，是电视界人士的共同心声。因此，本书以电视节目三元结构为基础，试图构建一个以电视人、电视技术、现场事件为内容的电视节目三元评价体系，为以后的电视节目创作和鉴赏提供一点借鉴，最终促进电视节目整体质量的提高。

本书以电视节目形态的三元结构为切入点，从受众本位的角度出发，同时紧紧依附电视节目制作过程中的三要素——电视人、电视技术、现场事件，构建电视节目的三元评价体系。

一、从电视人的角度评价电视节目

电视人是电视节目的生产者，也是电视节目的组成元素（如主持人），它是电视节目评价中非常重要的元素。电视人包括主持人、编导、制片人、技术人员、现场观众等，在电视节目评价的过程中，扮演每一种角色的电视人的评价指标都是由多种因素组成的，但在电视制作过程中，按照电视节目三元结构论的观点，电视人是电视节目的生产者，是作为生产元素渗透和表现在节目中的，对电视节目的评价，实际上就是对电视人的素质、技能等方面的评价。

1. 主持人

评价主持人的因素主要包括政治素质、知识底蕴、表达能力、主持风格等方面。

(1) 政治素质

政治素质是前提,是根基,是一切工作的保证。主持人作为电视机构的重要代表,作为一档节目的标志,其观点、言论不仅关系到电视机构的声誉,甚至会影响到整个社会。因此,主持人必须首先要有强烈的社会责任感和较高的政治思想水平。节目主持人是党的宣传员,是党的喉舌,其言谈举止在一定程度上反映着党的政策和方针。主持人只有具备过硬的政治素质,才能把党的精神正确地传递给人民群众。如,中央电视台《焦点访谈》节目主持人每天都能收到全国各地观众的来信,就是因为该节目起到了党和政府与人民桥梁的作用。有些观众将该节目的主持人视为最后可以求助的"法官",这也从一个侧面说明:一档节目及其主持人是否受观众欢迎,在很大程度上取决于主持人能否以其自身高度的社会责任感和政治思想水平为观众服务。

(2) 业务素质

业务素质的高低是评判一个主持人是否能胜任播音主持工作的基础条件。具体来说,主持人的业务素质至少包括了解社会最新动态、通晓社会风俗习惯、具有深厚的知识底蕴和良好的语言表达能力等。

播音员、主持人的工作具有内容丰富、涉及面广的特点,稿件、节目涉及各个领域、学科,没有深厚的知识底蕴和文化修养很难胜任其工作。如某台一位女主持人在介绍安徽的亳(Bó)州时,把亳字念成毫(háo)字;还有一位播音员把稿件念错,"美军把伊拉克的输油管切断"播成"美军把伊拉克的输卵管切断",造成重大播音失误;还有一位播音员在讲到情人节的时候,只知道国际流行的2月14日,当嘉宾说到中国也有自己的情人节,是农历七月七日的七夕节,这位主持人竟表现出莫名的惊讶。尽管我们一再强调主持人要充分"吃透"稿件,但由于很多主持人的科学文化等知识储备不足,因此不可能对作品和新闻事件有准确的理解和深刻的感受,也就很难把一篇文采斐然、气贯长虹的大作变成肺腑之声,震撼受众的心灵。

语言表达能力是主持人形成自己独特魅力和风格的基础,主持人的综合素质是通过精确的语言表现出来的。主持人若能做到语言准确、充分理解文稿、声音自然,便可以使节目有滋有味。

(3)个性风格。

对于一档栏目来说,主持人的作用是举足轻重的,可以说主持人是节目的灵魂。人们在电视荧屏中感受节目的独特的人文气息,感受主持人所散发出的个性魅力。主持人的个性风格就是在进行播音主持活动的时候,将自己的思想、学识、智慧、风趣、幽默、辛辣等个人生活本色,发挥在对节目主题的理解中。对主持人来说,独特的主持风格是保持节目收视群体稳定的重要因素。很多时候,人们打开电视荧屏,关注的不一定是某节目的内容,而是里面是否有其熟悉的主持人,通过熟悉的面孔,他们得到稳定的收视快乐和满足感。

2. 编导

编导是随着电视节目各种题材的出现而产生的。电视节目最初只有新闻,新闻不需导演,可是后来出现了文艺节目、综艺节目,这就必须有导演这个角色了。电视编导在作品创造中,是电视节目最原始的创作灵魂,是一部作品从无形成为有形的最初提出者和最终实践者。在一档节目的创作中,编导起着核心作用,从前期的选题、拍摄采访准备,中期的拍摄实践、现场捕捉、深度挖掘,到后期的撰稿、编辑,编导发挥着不可替代的作用。因此,在电视节目的评价过程中,必须对编导的素质与技能进行评价。

(1)政治素质与艺术鉴赏技能

电视媒体是党的宣传工具,发挥着重要的喉舌功能。要想做一名合格的电视编导,首先,要学习党和政府的各项方针、政策,在创作时紧扣时代的脉搏,让自己的思想认识与中国特色社会主义的发展观、价值观和中华民族的传统文化精髓保持高度的一致。其次,在制作节目的时候,如果仅仅还原了生活的现实,还原了生活的真善美还远远不够。电视不仅是一项技术工作,更是一项艺术创作工作,要学会用电视的语言手段和表现方法来展示生活的五彩斑斓,对原汁原味的生活进行艺术加工与提炼,给观众提供一顿丰盛的视觉盛宴,震撼其心灵,引发其共鸣。

(2)职业敏感性与素材挖掘技能

在熟悉与遵照国家方针政策的前提下,电视编导必须具备高度的职业敏感性与创新性,即能迅速及时地发现他人未能发现的素材,找出他人没有注意到的问题,并在"在哪里""怎么样""为什么"的追寻和思考中提炼出自己独到的见解和表现艺术。一名优秀的编导,能够灵活地运用扎实的理论武装自己,具有独到的分析、判断、解决问题的能力，能够在纷繁复杂的社会现象和自然环境中及时发现、准确判断、迅速捕捉有价值的素材。一档节目的质量还表现在后期编辑中，一名优秀的电视编导能够充分考虑并灵活运用特技、三维动画、图像资料、音乐等诸多电视语言元素进行编辑，使之共同完成对事实的阐述和再现，使栏目的表现力更加强大。

(3) 电视业务素质与社交技能

电视编导的工作范围涉及节目生产的每个环节，从细节到全局，从选题、策划、组织拍摄、写稿、演播室录制到后期剪辑加工，以及成品把关检验，电视编导都发挥着主导作用。

首先，电视编导要善于用镜头语言发现生活的魅力，对原汁原味的生活进行艺术表述，比如运用不同的景深表现主体和客体，用不同场景的镜头表现事物的特征和人物的内心变化等。

其次，还要了解、熟悉创作各环节的专业知识，并能掌控整个生产流程。如，前期的选题上报、采访内容的策划、采访主体人物的突发状况、不可控制的天气变化、照明，后期的撰稿、相关联音乐、特效以及节目生产过程中突破原来设计好的框架产生一些新鲜的想法等。

再次，电视编导是一档栏目的主要负责人，其业务水平、生活经验等在很大程度上决定着该栏目的质量和水平。

因此，作为片子的总设计师，编导要学会长袖善舞，方寸之间把握好细节和整体的尺度，做到每期节目都符合栏目的选题方向，巩固栏目的收视群体，把栏目的宗旨、目标等思想细化到每期节目的内容、篇章结构、镜头叠化、黑场长短、镜头起落幅的长短，甚至每个字幕的大小、形状、位置、进入进出方式等细节中。

目前，国内的电视台在对电视节目的质量进行评价时，对编导业务的评价一般从电视节目选题、视角、形式等三个方面入手。

一是选题的显著性。节目所反映的内容或表现的人物能否引起观众关注，是反映编导业务素质的重要因素之一。选题的显著性主要指节目所报道的事件是否被广泛知晓，反映的主题是否广受关注，所报道的人物是否有较高的知名度以及内容的时效性和新鲜感等。

二是视角的独到性。在信息高度发达的当今社会，媒体越来越难以获得独家的信息，但用独到的视角去反映主题则是每一位编导都可以争取做到的。运用独辟蹊径的视角或观点去表现主题,可以大大提高节目的吸引力,同时也是对节目编导专业素质的有效测试。

三是形式的新颖性。节目的内容和形式是一对辩证关系。一般来说,节目的内容决定节目的形式,但很多时候,节目的形式也会反过来影响内容的传播效果。大量事实证明,节目形式是否适应时代变化,是否适合受众当前的欣赏需求,对节目收视的影响巨大而直接。节目形式的新颖性在这里主要指节目在表现形式、结构设置、叙述方式的设计上有较大的创新表现,如《开心辞典》《超级女声》在推出伊始就有比较大的创新。

与此同时,电视节目的生产又是一项集体创作活动,它要求电视编导不但要有与外界各方有效沟通的能力,还要具有相当的组织能力和号召力,这样才能使各工序、工种协同工作。

3. 制片人

制片人(Producer),也称"出品人",指电视栏目的投资人或能够拉来赞助的人。电视台的栏目制片人就是一档栏目的第一领导、一个"生产小队长"。他是电视栏目制作的组织者和经营管理者,是电视栏目创作集体的全权代表和总负责人。作为电视栏目的第一负责人和总把关人,在电视节目的评价过程中,制片人也就成为了一个重要因素。

(1)专业素质

节目生产一线的电视节目制作人首先必须要有深厚的电视理论基础。这不仅仅指对电视媒体本身所具有的声像共生的传播特点的掌握,还包括对传播学、信息学、新闻学等各学科的了解,同时他需要熟练地掌握各种电视节目的制作规律。在电视台播出的电视栏目中,很多时候,制片人的拍摄和剪辑水平甚至都超过该栏目的编导和记者,只有自身具有较高的业务水平,才能更好地指导、引导编辑、记者等人,整体提升栏目的水平与质量。

其次,良好的专业技能还指一名优秀的电视节目制作人应该有一定的实战经验。节目的选题、制作水准都需要制片人的审核,如果制片人不懂电视业务,他就无法完成对片子的审查和修改工作;同时,对于栏目的经费预算和财政管理,他也会因为不懂业务而无法做出正确的估量。

在节目的评价过程中,我们对制片人专业素质中实战经验的评价主要通过节目表现手段的创新性及包装效果来进行。

电视表现手段创新主要指节目制片人在节目生产中对各种电视表现手段加以创造性应用,以增强节目的吸引力。如在主持人播报方式、演艺人员表演、节目结构、叙述方式、画面、声音、特技、舞美、灯光等方面的创新表现。

一般来说,电视节目表现手段创新比节目形态创新的难度要小。如果说不同栏目的竞争是节目形态之争,那么节目之间的竞争则是表现手段之争。表现手段是不同电视人对同一素材的不同视听表现方式和不同结构方式。节目之间的竞争就在于表现手段的创新。

包装主要指节目中的片头、片花、片尾、节目形象宣传片、节目内容宣传片、台标、字幕格式、节目 Logo 等元素的集合。作为节目的有机组成部分,节目包装已从过去的普通元素变化为节目中重要的内容。节目包装发展的总趋势是日益丰富多彩。

(2) 组织协调能力

管理也是生产力,电视节目的质量、栏目的效益取决于管理水平,并最终体现在人的管理上。如何才能做好管理工作呢?这就需要时时处处体现以人为本的管理理念。制片人的组织能力,就表现在带领主持人、编导等制作人员去完成给定的任务,通过沟通协调与奖惩机制,在栏目内部建立起团结高效、和谐稳定的人际关系。

制片人还要对栏目的总体目标进行科学分解。也就是说,上至制片人,下至场记,每个人都有相应明确的职责范围,所有目标均构成实现栏目最终目标的有机组成部分。如果栏目包含的内容过多,形成独立的板块,就要采取分栏目制片人的方式。如改版后的《东方时空》在总制片人之外,各子栏目都设立了相应的分制片人。

(3)市场意识

近几年,电视栏目的频道化,为电视栏目的生存和发展带来了新的机遇,但同时也带来了更多的挑战。各级电视台都加强了对栏目的考核和管理,逐渐推行栏目末位淘汰制度,即以节目收视率的高低、栏目经营成本的高低、节目质量的高低来综合评价栏目和栏目制片人,经营创收业绩是决定制片人"生死存亡"的一个重要考核指标。中央电视台曾规定:如果一档栏目处于末位被淘汰的境地,这档栏目的制片人三年之内不可以再担任制片人。较强的市场运作意识,科学、规范、灵活的电视栏目经营、管理对于一名制片人尤为重要,最佳效果是实现社会、经济效益双丰收。

一名优秀的电视栏目制片人,首先,必须要客观理性地了解观众的收视需求,并对竞争对手的同类栏目做到心中有数。对电视市场具有前瞻意识,能对栏目的发展现状和发展走势进行科学的分析和预测,也是其必备的一项素质。其次,制片人能否建立科学高效的生产管理流程,能否把握媒介经营管理规律,是否拥有一支高效率的队伍,也是影响其能否创建一档名牌栏目的重要因素。

4. 评价总体指标

除以上两种电视人以外,其他电视人的自身素质和业务素质同样在电视节目中起着重要的作用,比如技术人员的政治素养、专业技能以及与现场观众互动的意识等,电视人的这些素质、能力、技能都是三元结构评价的重要内容。

对于电视人的评价,就是对电视人(主持人、编导、制片人及其他电视人)的综合素质以及其在具体节目中的表现进行评价。由于这些方面都是定性指标,因此,本书通过领导与专家对其打分,将定性指标量化出来,使电视人的评价更直观、更科学、更有说服力。电视人评价综合指标如表7-1所示。

表7-1 电视人评价综合指标

电视人	评价指标			得分				
				差(60分)	中(70分)	良(80分)	优(90分)	特(100分)
主持人	政治素质		评分	1□	2□	3□	4□	5□
	业务素质	知识底蕴	评分	1□	2□	3□	4□	5□
		语言表达能力	评分	1□	2□	3□	4□	5□
		应变能力	评分	1□	2□	3□	4□	5□
编导	政治素质		评分	1□	2□	3□	4□	5□
	艺术鉴赏技能		评分	1□	2□	3□	4□	5□
	职业敏感性		评分	1□	2□	3□	4□	5□
	电视业务素质	选题的显著性	评分	1□	2□	3□	4□	5□
		视角的独到性	评分	1□	2□	3□	4□	5□
		形式的新颖性	评分	1□	2□	3□	4□	5□
	协调沟通能力		评分	1□	2□	3□	4□	5□

续表

电视人	评价指标		得分				
			差(60分)	中(70分)	良(80分)	优(90分)	特(100分)
制片人	专业素质	节目表现手段的创新性	评分	1 □	2 □	3 □	4 □	5 □
		包装效果	评分	1 □	2 □	3 □	4 □	5 □
	组织协调能力		评分	1 □	2 □	3 □	4 □	5 □
	市场意识		评分	1 □	2 □	3 □	4 □	5 □
其他电视人	其他节目制作人员	综合能力	评分	1 □	2 □	3 □	4 □	5 □
	现场观众	互动意识等	评分	1 □	2 □	3 □	4 □	5 □

表 7-1 为综合评价电视人的具体指标，由于电视人各自的业务不同，其在节目中的重要性上也不同，为了便于量化，我们假定他们的作用均等。为了突出重点，我们重要考察四种类型的电视：主持人、编导、制片人、其他电视人并将其权重进行平均分配，即电视人的总分为 100 分，每一项占 25%，公式如下：

电视人得分(A) = 主持人得分($A1$)×25% + 编导得分($A2$)×25% + 制片人得分($A3$)×25% + 其他电视人得分($A4$)×25%

下面具体解释每一项的分值的运算办法：

主持人的评价由政治素质和业务素质两大项组成，每一项占 50%。

主持人得分($A1$) = 政治素质得分($A11$)×50% + 业务素质得分($A12$)(知识底蕴得分 + 语言表达能力得分 + 应变能力得分)50%×1/3

编导的评价由五项组成，每一项占 20%，编导的得分为：

编导得分($A2$) = 政治素质得分($A21$)×20% + 艺术鉴赏技能得分($A22$)×20% + 职业敏感性得分($A23$)×20% + 电视业务素质得分($A24$)(选题的显著性得分 + 视角的独到性得分 + 形式的新颖性得分)20%×1/3 + 协调沟通能力得分($A25$)×20%

制片人的评价由专业素质、审美和市场意识三大项组成，每一项占 1/3，制片人的得分为：

制片人得分($A3$) = 专业素质得分($A31$)(电视节目表现手段创新性得分 + 包装效果得分)×50%×1/3 + 审美得分($A32$)×1/3 + 市场意识得分×1/3

其他电视人假设只有两类，一类是前面三类电视人之外的所有电视人，另

一类是现场观众电视人,每一类权重平均出现,各占50%,其他电视人得分:

其他电视人得分(A4) = 其他节目制作人员得分(A41)50% + 现场观众得分(A42)50%

二、从技术的角度评价电视节目

电视是传统媒体中最依赖技术的媒体,技术对电视的影响是全面的、广泛的,电视节目可以说是一种技术的产物。电视技术对于电视节目的影响可以分为宏观和微观两个层面。宏观的电视技术指在电视节目的产生过程中运用了何种器材、何种技术;微观的电视技术指通过技术的运用,在电视节目的具体细节上的体现,如画片的清晰度、保真度、声音质量、音画协调等。从技术的角度评价电视节目,可以从宏观和微观两个维度进行。

1. 宏观层面的技术评价

所谓在宏观层面从技术角度评价电视节目,是指分析技术元素对节目形态的影响,评价技术元素运用的成功与失败及其程度。一档新的电视节目的产生总是与新技术有关,电视技术对节目形态的影响无处不在:从前期采集,后期制作,到传播发射,可以说,技术贯穿了电视节目生产的全过程。

如在前期采集过程中,ENG的使用使得摄录同步、声画同步,从而改变了传统胶片时代声画不同步的现象,大大推进了电视节目的发展。又如在制作过程中,虚拟技术、仿真技术的运用,使得人们在电视中看到了十分真实却在现实中完全不存在也不可能存在的影像。可以说计算机技术的运用丰富了电视节目的形态,提高了电视节目的质量。

电视节目的传播过程运用了大量的技术。最早的无线接收,由于层峦叠嶂的高楼大厦的阻碍,普通的电视天线很容易受到干扰,所以有线电视诞生了。随后又有了卫星电视、数字电视、网络电视、手机电视等,可以说传播途径多样化了。这一系列的传播技术创新,对于电视节目形态的丰富多彩起到了十分重要的作用。

通过以上电视宏观技术对电视节目的影响可以看出,运用了哪一种技术,对电视节目的影响是不同的,不同的电视宏观技术的运用会对微观指标产生影响。因此,在电视节目的评价过程中,我们只对微观指标进行评价。

2. 微观层面的技术评价

电视节目的质量反映在电视技术上,主要由声音与画面组成,具体包括图像清晰度、声音清晰度、音质、声音与画面的同步情况等十项指标(见表7-2)。

表7-2 电视技术质量评价标准

指标分数	1分	2分	3分	4分	5分
杂波和干扰可见度	极严重	杂波或干扰严重,令人讨厌	明显察觉,有些讨厌	稍可觉察,但不讨厌	觉察不到
画面清晰度	不清晰	总体上不是很清晰	一些画面欠清晰	个别画面欠清晰	十分清晰
亮度层次	总体上亮度层次欠丰富	一些画面偏亮、偏暗或缺少层次	个别画面偏亮、偏暗或缺少层次	亮度层次较丰富,画面基本上柔和细腻	亮度层次丰富,画面柔和细腻
彩色保真度	彩色质量差	彩色清晰差,色彩不正常	彩色欠清晰、自然,肤色有可见的失真现象,有瞬间变色和渗色现象	彩色较清晰、自然,肤色正常,不同镜头色彩基本一致	彩色清晰、自然,肤色正常,不同镜头色彩一致性好
字幕质量	字幕质量低劣,令人讨厌	字幕质量很差或对图像造成一定干扰	字幕有高亮度闪烁或边缘抖动,字体欠佳	字幕清较晰,字体较美好,与图像基本协调	字幕清晰,字体美好,与图像协调性好
制作难度	—	—	比较简单	有一定的难度	有较大难度
声音质量	声音质量低劣,出现严重的失真和噪声	声音质量差,多次出现明显的失真和噪声	声音质量一般,有明显的失真和噪声	声音质量好,仅出现短暂的失真和噪声	声音质量极佳,无明显的失真和噪声
声音音量	音量忽高忽低	音量不符合标准,过高过低,声音衔接处过渡生硬	音量基本符合标准,声音衔接处过渡稍显生硬	音量符合标准,声音衔接处过渡基本平稳	音量符合标准,声音衔接处过度平稳、自然、合理
声画协调	声音与画面配合不协调	声音与画面配合出现长时间不协调现象	声音与画面配合多次出现短暂不协调现象	声音与画面配合出现短暂不协调现象	声音与画面配合协调一致
严重缺陷得分	在评价过程中如发现图像、声音质量不属于以上内容的严重缺陷,酌情扣分,扣分范围一般在0.1~0.5分之间。				

三、从现场事件的角度评价电视节目

1. 按照现场事件质的规定性评价节目

按照节目形态三元结构理论,所有电视节目不外乎两类:自然现场事件类节目形态、设计类节目形态。两类节目形态的评价标准是不一样的。所以,评价任何节目,首先是对它的"质"进行定性评价。对一档节目质的评价是一

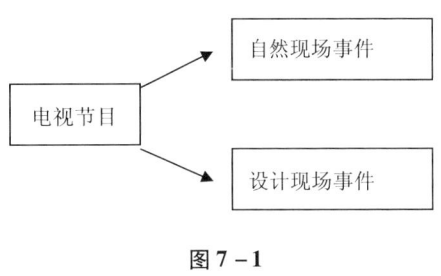

图 7-1

票否决,如新闻节目,它的质的规定性就是自然发生的现场事件,即具有真实性的新闻节目,如果造假按照这个标准该节目应该被完全否决,节目评价结果只能得零分,也就不需要下一步的评价工作了。

2. 按照现场事件的要素评价节目

要素是指构成事物的必要因素,与系统相对,是构成系统的基本单元。电视节目向观众提供的信息是一个有机整体,这个整体就是现场事件。这个现场事件是一个由画面、声音、字幕构成的视听产品,其中,听觉要素包括有声语言(对白、旁白、播报词、解说词等)、音响(实况音响、拟音等)、音乐;视觉要素主要包括实景图像(主持人、演员、嘉宾和现场观众等人物,以及实际景物)、绘制图像(舞台布景、美术图案、图示、动画、字幕等)。

所谓从现场事件的要素评价电视节目,就是首先从各个视听元素去评价节目质量,然后再从视听结合方面进行评价。在电视节目中,听觉要素和视觉要素相辅相成,密不可分,听觉要素和视觉要素相结合,才会给人们带来"视听结合""声画并茂"的媒体感受。不过根据节目类型的不同,节目要素可能存在主次之分,在《艺术人生》这类访谈节目中,音乐仅仅是人物和语言的背景和陪衬。节目编导是否能根据节目的类型特色和节目组的资源优势,利用优势要素搭建整体节目框架,再用其他要素对节目进行微调和润色,是影响节目效果的重要因素。

3. 从现场事件的内容评价节目

现场事件是电视人与电视技术共同作用的产物,它在电视节目三元结构中

处于一个特殊的重要地位。一方面,电视人通过对现场事件的认识来认识客观现实世界;另一方面,电视技术把现场事件的画面(形象、动作)、声音、音响记录下来,形成电视人对客观现场事件的初步认识。因此,对现场事件的评价尽管离不开画面、声音、音响、字幕、音乐等表达元素,但最终评价节目质量的还是节目的内容传达了什么信息、叙述了什么故事、表达了什么意义。所有这些内容我们都概括为一个"故事",一个吸引观众的"故事"。

在对现场事件内容进行评价时,主要从故事讲述、节奏控制、细节处理、视听觉的冲击力方面着手。评价内容如下:

第一,故事讲述。故事讲述能力是主持人最基本,也最重要的专业能力。主持人能否把故事讲得生动感人,能否把事件报道得绘声绘色,对节目是否吸引受众至关重要。同一内容由讲述水平不同的主持人来完成,效果迥异。

第二,节目的整体节奏控制要张弛有度,情绪饱满连贯、高潮迭起,这是保证节目收视率的重要条件。

第三,"细节决定成败。"许多时候,在节目中最能打动观众、最易给人留下深刻印象的内容往往是节目的细节。节目细节的处理水平也是考量节目制作者专业能力的重要指标。

第四,视、听觉冲击力。在电视节目中,主持人及相关的电视人通过画面、音乐、感情的融合去感染观众,做到三者水乳交融,给观众带来视、听觉上的冲击,这一点至关至要。因此,此项也是现场事件的评价内容之一。

仅从以上的内容来看,我们很容易将现场事件与电视人、电视技术混淆起来。区分电视事件和电视人、电视技术,需要把握住现场事件是电视人和电视技术共同作用的结果,与电视人、电视技术相比,现场事件充满了不确定性。

表7-3 现场事件的内容评价

现场事件	评分				
	差(1分)	中(2分)	良(3分)	优(4分)	特(5分)
故事讲述					
节奏控制					
细节处理					
视、听觉处理					

现场事件由四项组成,每项占 25%,因此,计算如下:

现场事件得分(C) = 故事讲述得分(C1) × 25% + 节奏控制得分(C2) × 25% + 细节处理得分(C3) × 25% + 视、听觉处理得分(C4) × 25%

四、三元测评指标体系

所谓三元测评,就是通过节目形态的三元素:电视人、技术、现场事件来评价节目质量。为了保证三个指标的测评数据的准确性,我们将在专家、受众两个维度上,通过定性与定量相结合的研究方法进行测评。这种测评不仅用于播中监测或者播后评价,更可以用在播前评价过程中进行节目效果的预测。

这里的专家不仅包括相关领域的专家、学者,也包括电视台里的一些领导,因为在我国现行媒体经营体制下,领导意见对节目运营还是有一定的指导意义。在实践中,电视台的专家受众评测体系经常采用定期监看的方式进行评议座谈,如上海电视台曾专门建立了社会监看和本台老干部监看体制,本台老干部监看会议定期召开,每月一次,集中评议打分[①]。在专家测评体系里,受众意见长期被忽视,或者仅仅是零星的收集。但是,随着媒介市场由卖方市场向买方市场的转变,不但受众的收视行为值得关注,受众的态度也需引起足够的重视,并应该成为和专家意见一并考虑的主要因素,尤其在进行播前评价时,这点格外重要。

1. 专家评议

(1)评议内容

需要评议的对象即电视节目的质量,评议主要从电视人、电视技术、现场事件三方面入手。

(2)评议小组

电视节目质量评价水平的高低与专家评价成员的选择分不开,专家成员的选择对于节目评价结果非常重要。

为了体现节目评价过程中专家选取的客观性、公正性,应该成立一个由电视节目制作专家、媒体理论专家、电视台领导、大学教授等资深人士组成的专家

[①] 顾建中:《强化反馈机制提高节目质量》,《电视研究》2000 年第 11 期。

库,在节目评价的时候随机抽取专家。

(3)评议打分

选定专家后,发放节目评价表,组织专家在一定的时间内收看该节目,并对其进行评分。

(4)归纳评议结果

将各位专家的评议分数进行统计,取平均分即得出节目的评议分数。

2.客观量化指标

对电视人、电视技术、现场事件的评价内容大多是主观的评价指标,为了体现电视节目评价的公正性,可以对主观的指标进行量化处理,以尽可能地保证公正、公平。

专家评议的方向是电视人、电视技术、现场事件,我们将这三个指标作为二级指标,三个指标分别设定为 34 分、33 分、33 分,每个二级指标下面分别设置一定数量的三级指标,分数平均分配,每一个小问题对应相应的分数。电视人下面分主持人、编导、制片人等;电视技术性下面分画面、音响、字幕、解说等;现场事件分为自然现场事件和设计现场事件等。

3.三元结构的加权综合评价法

三元结构电视节目评价如图 7－2 所示:

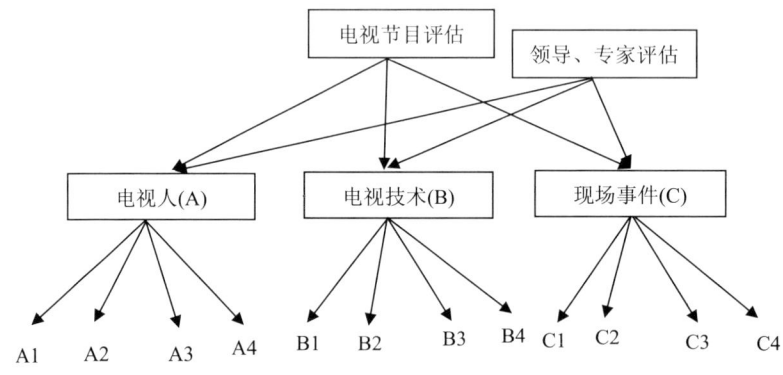

图 7－2

A1、A2、A3…An 代表电视人(A)群体,如主持人、编导、制片人、技术人员、现场观众等;B1、B2、B3…Bn 代表电视节目技术因素(B)群体,如画面、音响、字幕、解说等;C1、C2、C3…Cn 代表现场事件(C)群体。可以将三元评价加权公式设定如下：

总得分 = 电视人得分(A) × 电视人加权指数(X) + 电视技术得分(B) × 电视技术加权指数(Y) + 现场事件得分(C) × 现场事件加权指数(Z)

电视人得分(A) = 主持人得分(A1) + 编导得分(A2) + 制片人得分(A3) + ⋯An

电视技术得分(B) = 画面得分(B1) + 音响得分(B2) + 字幕得分(B3) + 解说得分(B4) + ⋯Bn

现场事件得分(C) = 自然现场事件得分(C1) + 设计现场事件(C2)

总得分越高，说明电视节目的质量越好。

五、节目评价中三元结构论的价值

1. 评价体系的价值与意义

（1）有利于节目的生产与管理

把三元结构论应用到节目评价中，内容评价、重点评价的设计和安排都着眼于为节目的生产、管理和市场运营服务，希望能为电视业提供一种新型、有效的节目评价考量工具，这是该评价体系研发的出发点和落脚点。

本评价体系集国内外百分制打分法、市场评价法、综合评价指数法等现有节目评价方法之长，又有自己的发展创新，操作性强，比如，一目了然的评价表设计、播前、播中、播后评价指标等。

（2）评价结果比较客观、准确

在电视节目的评价体系中，许多客观指标减少了主观指标在评价考量中的不精确性，设定了收视率评价、观众评价与专家评价等一系列有效的方法来减少评价中的误差；而让电视台领导和专家参考评价，则能使评价结果更真实地反映节目状况。

（3）有利于电视节目的平稳、健康发展

随着科技的不断发展，电视技术也快速发展，我国的电视资源开始变得过剩，而观众的注意力资源却是有限的，同时，生活水平的提高使受众的欣赏口味变得更加"挑剔"。正是在这种压力下，我国的电视节目从"以媒体为中心"开始向"以受众为中心"转变，电视节目不断被细分，变得更加五彩缤纷。

面对越来越残酷的行业环境,我国的电视节目想要更好地生存和发展,就必须在一些问题中有所突破,比如经营模式、管理意识等,要想在竞争中取得优势,最根本的措施就是加强内部管理,制定一套优质的评价机制,有效地整合资源,最大限度地吸引观众。所以,电视节目质量的好坏,直接关系着电视媒体的收益,是节目资源有效管理的重中之重。

电视媒体的核心竞争力体现在电视节目的优劣上。一档优秀的电视节目自然可以最大限度地吸引观众,促使其消费,为电视媒体谋利。同时,电视节目也吸引着广告商,使电视媒体的利益最大化。所以说,电视媒体的经营状况是由电视节目决定的,电视节目才是电视媒体的根本。

对电视节目的评价是多方面、多角度的。因此,评价过程中应该考虑多个元素,任何一个独立的元素都不可能全面反映一档电视节目的好坏,我们不能以"唯收视率至上"的标准去割裂电视的评价方法。因此,如何对电视节目评价的基本元素进行研究,将电视人、电视技术、现场事件进行理性的梳理,为全面进行电视节目评价提供一个理论性思路就成了一个亟待解决的问题。

随着社会主义市场经济的日益发展,中国市场已经步入此消彼长、犬牙交错的份额竞争阶段。随着电视市场竞争的加剧,电视频道的运作已经由依赖于政策和地位优势的粗放经营,转为了针对消费者和竞争对手的精耕细作。在观众绝对收视规模不会有大规模提升的情况下,电视频道之间的竞争实际上已演变为一场"零和游戏"。在这个过程中,可供电视台对自身和竞争对手的市场表现进行评价、对比和参照的,为市场各方所公认的电视节目评价体系成为行业所需。因此,构建一套指标明确、方法可行的综合性电视节目评价体系已成为关乎我国电视市场发展前景的关键性行业问题。

究其本质而言,电视所提供的产品是一种精神产品,在我国的双轨制体制下,电视台必须"正确处理社会效益和经济效益的关系,始终坚持把社会效益放在首位"。因此,对电视媒体的评价既要涉及其社会效益,又要涉及其经济价值。电视节目是电视台的最终产品,电视媒体价值的实现最终体现为节目与观众的实际活动——观众的注意力是电视媒体实现社会效益的前提,也是电视媒体兑现经济价值的基础。行业各方人士对于电视媒体价值的关注,使得综合性电视节目评价体系研究成了行业理论研究与实践探索的热点。

目前,我国不乏各种电视节目评价体系,例如由政府相关部门或行业组织举办的节目评奖活动,电视台内部对各类节目进行的绩效考评,以及广告公司和广告主对电视节目广告投放价值进行的评价等。凡此种种都从某个角度或侧面对我国电视节目市场的发展起到推动作用。然而,这些体系在综合体现电视媒体的社会价值和经济价值方面都存在某种程度的不足和片面性,无法体现我国电视媒体"社会效益和经济效益并重,以社会效益为先"的媒体属性和特点。此外,政府、电视台、广告主和学界人士在电视节目评价中所使用的指标和方法也千差万别,缺乏统一性和广泛适用性,从而使得我国电视节目评价体系的研究和实践处于一个相对混乱的境况,亟待梳理。

综合性电视节目评价体系的缺乏不仅仅影响了我国电视媒体社会效益和经济效益的进一步提升,还导致部分业内人士和研究者对电视媒体市场化过程中的一些实践产生了认识误区,其中最典型的就是有关"收视率与电视节目内容低俗化"的争论。在统一适用的综合性节目评价体系缺位的情况下,部分电视媒体过度看重经济效益,将收视率作为电视节目唯一的评价指标,为追求高收视率而片面地迎合部分观众低俗化的收视需求,忽视了电视媒体的社会功能,对我国电视媒体的整体氛围和环境产生了负面影响,也让收视率成了部分电视媒体过分追求经济效益的"替罪羊"。

(4)有利于指导观众进行节目鉴赏和评价

我国电视业正从"以媒体为中心"向"以受众为中心"转变。以前是观众根据媒体的播放内容去适应节目;如今则是媒体根据观众的需求去适应观众。因此,随着人们生活水平和欣赏水平的提高,越来越多的优秀节目将出现在我们的生活中。

专家与领导对于电视播前、播中、播后过程中对于电视节目的反馈也将有利于节目的改进。在电视节目的制作和传播过程中,其宗旨就是要以观众为中心,制作以人为本的电视节目,电视节目的质量要经得起观众的检验。以前,观众、专家、领导对于电视节目的评价大多是定性的,缺乏定量的、理性的分析。而要科学地评价一档电视节目,首先要有一个指标量化的评价体系,同时,观众还要对这个体系的每个指标有所了解,从而给观众提供电视节目评价的标杆,使电视评价得到统一的理论指导,提高观众的鉴赏、评价素养。

(5)有利于解决当前电视节目评价"唯收视率至上"的问题

目前,我国的电视节目评价中存在"唯收视率至上"的现象,这种现象是病态的,单纯的收视率并不能全面反映出电视节目的好坏,将收视率当成唯一的评价指标只会使评价变得片面与肤浅,极其不利于我国电视业的发展。

与此同时,在电视节目的评价过程中还存在着其他极端的评价现象,比如只注重市场份额、只注重社会效益等,这些评价标准将全面、客观的评价方法割裂开来,难免顾此失彼。所以,对电视节目进行全面而准确的合理评价就成为电视评价体系首先要着力解决的课题。从电视人、电视技术、现场事件的角度进行评价,可以发现它们各自在电视节目评价中的价值和作用,有利于避免电视节目评价过程中的"唯收视率至上"问题,建立一套更全面、更科学的电视评价系统。

2.评价体系中有待进一步研究的部分

(1)三元指标的权重设置

加权法在以往的电视节目评价体系中较为常用,理论界也比较认可。但由于同一个评价体系在不同地区、不同节目的权数不尽相同,因而对于权数的划定目前还很难统一。综合国内外的趋势来看,权数的划定具有一个共同的方向,那就是力求简单。三元评价体系也体现了这一点,不但指标简单明了,还相对涵盖全面。

例如上海东方卫视的节目质量评价体系共有五项指标:收视率、成本降低率、节目清账天数、社会评价、广告创收。其中,收视率占50%的权重,成本降低率占25%的权重,节目清账天数占5%的权重,社会评价占20%的权重,广告创收只做参考而不列入综合考评体系。

本书是基于电视节目制作过程提出的评价三元结构,在权重的设置上还处于摸索阶段,暂定为电视人占34%、电视技术占33%、现场事件占33%。

(2)三元评价软件的开发

节目评价中运用三元结构理论,可以使节目评价指标更明确,即电视人、电视技术、现场事件三个指标。同时也可以明确数据评价、定量评价的方向。为了评价更加准确,为了适应三元素层次属性的无穷性,必须运用现代计算机技术,必须开发相应的评价软件。

节目评价软件的开发不仅可以促进评价体系的科学化,而且还可以反过来指导节目的创新和研发。

（3）三元指标体系的不足

电视人、电视技术、现场事件的评价还是首次提出，对于评价指标体系的考虑并不完善，如电视人、现场事件的评分标准的具体化并不完善，专家评价的指标也不完善，受众相对单一等。这些不足都有待于进一步完善。

这里建构的三元指标评价体系，只是当前形势下相对比较完整、科学的节目评价体系，并非一劳永逸的。电视事业的发展变化非常迅疾，对电视节目的评价应该是动态的、发展的。电视节目是特殊的精神产品，对于电视节目的评价，永远也不会有一个最全面的系统，不可能设计出一套永远管用、好用的评价系统，我们要与时俱进，不断地尝试、探索和完善电视节目评价体系。

第八章 传统电视节目形态的解释

理论一方面来自于人们生产实践中所提出的问题,另一方面来自其本身的逻辑演绎、逻辑自洽,因此理论不仅可以推动实践,而且可以自我发展。人类的进步不仅体现在物质生产的进步上,而且也体现在科学理论的进步上,一幅幅不断创新的理论画面也展示着人类的进步历程。人类的文明就是由一条条从旧理论到新理论,再从新理论到更新的理论发展的链条组成的。在每个链条上,新理论一方面解决了以前不能解决的实际问题,这是它产生的基础和价值;另一方面它还包含并能够说明、解释、包容原理论。因为原理论或者称旧理论也是在一定的时空被实践所证明了的,新理论必须能够解释旧理论已经说明的现象,包容旧理论。本章就是运用电视节目形态结构理论,从电视人、技术、现场事件三元素出发,在电视节目生产系统中以同一个规范、同一个格式、同一个规则、同一个语境,从总体上、本质上、内部结构上对所有电视节目形态进行梳理,以显示节目形态结构理论的包容性。

第一节 自然现场事件类节目形态

一、从结构理论看新闻类节目形态

1. 用结构理论研究传统新闻类节目形态

电视新闻是电视节目最基本的形态,也是电视节目形态三元结构论产生的基础。电视新闻节目属于自然现场事件类节目形态,在自然现场事件这样的大前提下,新闻类节目根据三元素的其他特征,还可以产生许多其他类型的节目形态。

下面就选择三种具有代表性的传统电视新闻节目形态分类:三大类别法、

两大类别法与综合分类法,利用节目形态结构理论对部分新闻节目形态进行分析。

(1)电视新闻的三大类别法

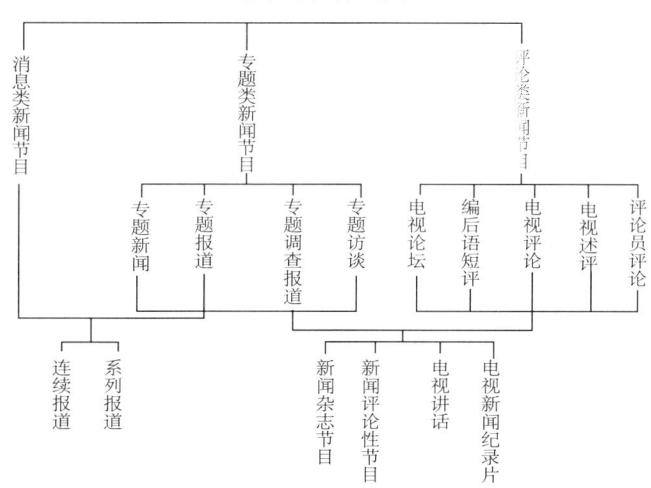

图8-1 电视新闻三大类别法

(2)电视新闻的两大类别法

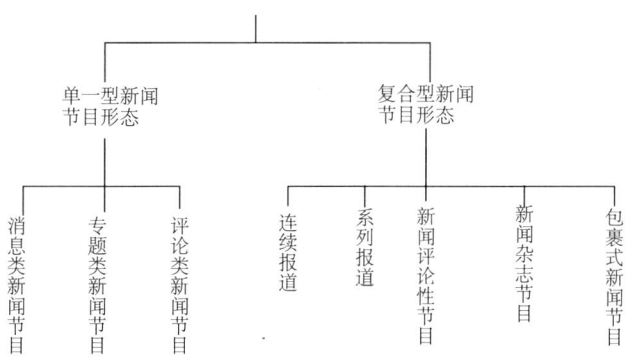

图8-2 电视新闻两大类别法

(3)电视新闻的综合分类法

电视新闻节目的主要形态有:"电视短消息、电视长消息、电视连续报道、电视系列报道、电视组合报道、电视新闻专题节目、电视新闻评论节目、电视新闻谈话节目、电视新闻杂志节目、电视新闻现场直播节目。"①

2. 三元结构理论对电视新闻概念的解释

本研究的逻辑起点建立在新闻概念的基础上,整个结构体系也是以新闻为模型展开的,电视节目形态的不同是因为节目生产的三元素的变化不同以及三元素的组合不同。"新闻是一种不可以有任何随意附加成分的正在和新近发生的事实的报道。"②也就是说,电视新闻节目属于现场事件,是自然发生的节目形态,是电视人运用技术处理把自然发生的现场事件转化为以声音、画面为主要信息符号的节目文本。

当把现场事件区分成自然发生与电视人组织设计生成的两个类型后,电视节目形态便可以分为 ABC1 与 ABC2 两大类。其中,A 代表电视人,B 代表技术,C1 代表自然发生的现场事件,C2 代表电视人设计的现场事件。这样,传统的新闻节目形态也就是 ABC1。

3. 三元结构理论对新闻类节目形态分类的解释

从结构理论来看,则所有自然现场事件的电视节目都属于新闻类节目。

表 8-1

现场事件	电视人	电视技术	节目形态
自然现场事件	主持人叙述不能记录的现场元素(时间、地点)		消息
	主持人、嘉宾表达对事件现象的观点和看法		评论节目
	主持人以方言播音		方言节目
	主持人以讲故事的话语方式说话		说新闻
	播音员读报		读报节目
	播音员读解说词		专题节目
	编辑制作字幕、图表		图文节目
		卫星通讯	直播节目
	记录自然现场事件并渗透电视人对事件的哲学思考		纪录片
	记者、主持人寻找证据		调查节目

---

① 孙宝国:《中国电视节目形态研究》,新华出版社 2007 年版,第 9 页。
② 阎玉主编:《中国广播电视学》,中国广播电视出版社 1990 年版,第 106 页。

表 8-1 表示了自然现场事件与不同特征的电视人、技术相结合而形成的几个节目形态。如消息类节目形态,它是电视人(主持人、播音员、现场记者)用最简洁的方式叙述一个由画面、声音组成,表示现实意义的节目。这里的画面、声音是自然现场事件的映照,消息节目形态在自然现场事件中的特点是最简短地记录自然现场事件。

4.连续报道是选题方法而非节目形态

(1)连续报道是选题方法

连续报道是指"跟踪新闻事件发展过程,连续多次播出的累积式报道"①。

"连续报道是对正在发生、发展中的新闻事件及所追踪事态,进行及时而全面又持续的报道……这一手法在国外早已运用,是消息类新闻节目传播中的重头戏。显然这里把连续报道归于消息节目形态中了,一旦发生为广大公众所关注的,能引起社会反响的重大的新闻事件,记者们立即出动,千方百计地追踪事态,连续不断地做报道。各显神通地力争搞到独家的、与众不同的新闻,这几乎成了西方国家新闻媒介竞争的重要方面。在我国电视新闻界,真正开始重视连续报道是在 80 年代电视新闻改革之中。1984 年第二届全国优秀电视新闻评选中,首次设立了连续报道评奖项目。"②

连续报道是以时间顺序为线索,就同一事件、同一事态,从不同的角度、不同的侧面进行的一系列全面、系统、深入报道的节目。对某个事件 a 的连续报道就形成了电视节目 a1、a2、a3,但这仅仅是三档节目的生产理由或者说是一个选题的方法,而不是生产方式。为什么做节目 a2？是因为它和 a1 有联系,是同一个事件的后续情况。选择继续做节目 a2、a3,是因为这个事件存在继续报道的新闻价值,但具体到这一系列节目采用什么形态表达,采用什么形态生产,则与连续报道没有任何关系。显然,连续报道这样一档节目是选题的理由而不是形态。

(2)选题方法不是节目形态

从节目形态的稳定性来看,一档节目一旦制作完成,它的形态就应该是固定不变的,不能在这里存在而在另外一个地方不存在,在这里是一个说法到另

---

① 罗哲宇:《广播电视深度报道》,中国广播电视出版社 2004 年版,第 201 页。
② 叶子:《电视新闻节目研究》(第 3 版),北京师范大学出版社 2003 年版,第 198 页。

一个地方却是又一种说法。如果连续报道是节目形态,那么把一档连续报道的节目 a1、a2、a3 拆散开,单独拿出来播出,则该节目的形态特性必须继续存在,否则连续报道就不是一种节目形态。

连续报道只是说明了几档节目 a1、a2、a3 之间的相关性,它们均与同一个事件 a 有关,但这并不是每档节目自身的特点,不是属于节目自身的固有属性。如果把几档节目分别放在不同的频道播出,比方说三集节目在三个不同的频道播放,如果连续报道是节目形态,那么它的这个属性应该在单独播放时也继续保持。但实际情况并不是这样,单个节目在不同频道播放时,它的节目形态特征中根本就没有连续的意思了。

我们可以用反证法来证明连续报道不是节目形态这个命题。我们要做一档连续报道的节目 a1、a2、a3,假定它们的节目形态是连续报道。实际上我们在生产节目的时候完全可以把节目 a1 制作成消息,节目 a2 制作成纪录片,节目 a3 制作成谈话节目。这样就会出现节目 a1 既是连续报道又是消息,a2 既是连续报道又是纪录片,a3 既是连续报道又是谈话节目的自相矛盾的情况。

5. 系列报道是选题方法而不是节目形态

连续报道是围绕同一事件,系列报道是围绕同一主题;连续报道节目的生产特点是事件之间有前后关系,系列报道节目的生产特点是主题之间有左右关系。用与其他节目的关系来确定这档节目的形态,如用现场事件前后之间的关系或现场事件左右之间的关系,是不能定义这个现场事件的特性的;即使可以,这个特性的存在也是很短暂的、小范围的。这组节目制作完了,这个现场事件结束了,连续、系列的特性也就不存在了。因此,这仅仅是选题的方法和技巧。比如,中央电视台 1987 年关于大兴安岭火灾的连续报道,在不到一个月的时间里,新闻连续报道了近 100 多则信息。大火扑灭后节目就慢慢停止播出,连续报道也就结束了,但 100 多条节目大部分属于消息类节目形态。

物质生产也有系列产品,如娃哈哈系列:矿泉水、饮料、方便面、饼干等,用一个娃哈哈品牌把不同产品串起来。娃哈哈不是这些系列产品的本质特征,这些产品的本质特征无论是在内容还是在形式上都相差甚远,有的是水,有的是面。同理,同一个主题的系列报道中,如果有的节目是新闻,有的节目是纪录片,有的节目是谈话,那么它们各自的节目形态只能是新闻、纪录片、谈话,而不能是系列报道。

6. 电视短消息与电视长消息的区分非节目形态的区分

消息作为电视新闻节目形态,取决于内部自身固有的本质特性,即现场事件相对于电视人的客观独立性。尽管节目形态是节目的表现形式,但它绝对不是简单地仅仅取决于篇幅的长短,以节目长短这样的外在形式来区分节目形态的认识,可以说是对节目形态的简单理解。也就是说,按节目形态的本质来看,不存在什么电视短消息与电视长消息节目形态之分。

二、纪录片是电视人对自然现场事件的哲学思考

纪录片的定义很多,我们比较认同下面这两个定义,其一是徐舫州、徐帆的"电视纪录片是一种非虚构的、审美的(非功利的),以建构人和人类生存状态的影像历史为目的的电视节目类型,是人类个人记忆或某一集体记忆的载体,是对现实生活的有选择的再现"[①]。其二是郑征予的"电视纪录片'在忠实记录生活的背后,其蕴含的哲学内涵已相当深入、深刻,涉及人生、社会、历史、自然以及它们之间的相互关系等各个方面''包括当代绝大多数人的生活、生存问题;个体生命的生、死问题;群体文明的延续与消亡问题(也即历史);人生的婚姻、爱情问题;人与自然的关系问题;生命的终极价值、终极意义问题'"[②]。

结合上述两个定义,以节目形态三元结构理论来看,本书认为纪录片是电视人对自然现场事件的哲学思考,纪录片是由电视人 A 和现场事件 C 两个元素决定的电视节目形态,即 AC 节目形态。纪录片的非虚构性决定了它的现场事件是自然事件,因而纪录片实际上是 AC_1 节目形态。这里 A 是电视人,C_1 是现实生活非虚构自然事件。在确定了纪录片是 AC_1 节目形态的基础上,我们就可以根据电视人的变化、现场事件的变化建构所有纪录片的节目形态系统,如图8-3。

按照现场事件的不同,我们可以划分不同类型的纪录片节目形态。当然这里的现场事件是自然事件 C_1,按照徐舫州、徐帆在《电视节目类型学》中对纪录片的分类,本书对自然现场事件 C_1 进行这样的分解:现实生活中非虚构的个人

---

① 徐舫州、徐帆:《电视节目类型学》,浙江大学出版社 2006 年版,第 150 页。
② 郑征予:《电视纪录片的哲学思考》,《中国广播电视学刊》1995 年第 8 期。

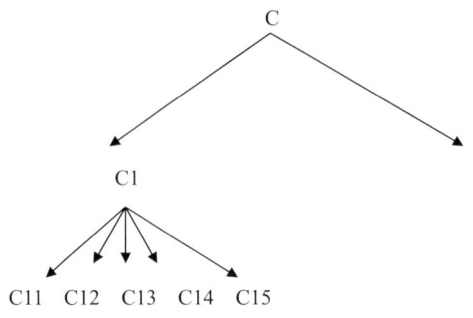

图 8-3　纪录片节目形态系统

事件 C11;现实生活中非虚构的集体事件 C12;历史事件 C13;自然生态环境状况及人类自然科学探索的事件 C14。下面就分别对各类纪录片形态进行阐释:

1. 现实生活中非虚构个人事件 C11 形成的节目形态

这一类在传统的节目形态里称为人物类电视纪录片。"所谓人物类电视纪录片,就是反映普通个体生存状态的电视纪录片。"[①]它用老百姓自己真实的故事展示普通个体人物的生存状态、命运轨迹,通过个体尤其是社会底层个体来折射整体社会。以电视节目形态结构分析的理论来看,人物类电视纪录片属于 AC11 节目形态;按照节目形态三元结构论的观点来看,则人物类电视纪录片是电视人 A 对现实生活中非虚构个人事件 C11 的哲学思考。

2. 现实生活中非虚构集体事件 C12 形成的节目形态

这一类在传统的节目形态里称为人文类电视纪录片。"人文类电视纪录片是反映某一类人群或某一地域人群的生存状况及物质文化生活等社会活动的电视纪录片。"[②]这种节目形态主要反映当代人类、当代社会的主体人群的生存状态,它所反映的是一种主体文化,一种具有代表意义的文化。以电视节目形态结构分析的理论来看,人文类电视纪录片属于 AC12 节目形态;按照节目形态三元结构论的观点来看,则人文类电视纪录片是电视人 A 对现实生活中非虚构的某一类人群或某一地域人群事件 C12 的哲学思考。

3. 历史事件 C13 形成的节目形态

这一类在传统的节目形态里称为历史纪录片,它借助以往具有历史价值的

---

① 徐舫州、徐帆:《电视节目类型学》,浙江大学出版社 2006 年版,第 161 页。
② 同上,第 162 页。

文献资料、文物、历史遗迹,以尊重历史原貌,真实记录历史为原则,是"对最大的历史事件、历史人物或某一个巨大的历史发展进程进行多角度、多侧面、多层次、全方位的回顾、审视和关照的一种具有独特风格样式的电视纪录片"①。

以电视节目形态结构分析的理论来看,电视历史纪录片属于 AC13 节目形态;按照节目形态三元结构论观点来看,则电视历史纪录片是电视人 A 对人类历史 C13 的哲学思考。

4. 自然生态环境状况及人类自然科学探索 C14 形成的节目形态

这一类在传统的节目形态里称为电视自然纪录片,它主要记录动物、植物、自然风光、天文现象、地理概貌,以及人类在这种自然环境中的探索过程。这种纪录片将人类看作物质世界的一部分,一个自然的人、一个物质的人、一个生命的人。这种纪录片把人类放在了一个与天、地、生物和谐统一的大千世界中,通过自然界的运动、变化规律,通过人与自然的关系,感受和体验人类的生命价值和意义。以电视节目形态结构分析的理论来看,电视自然纪录片属于 AC14 节目形态;按照节目形态三元结构论观点来看,则电视自然纪录片是电视人 A 对自然界 C14 的哲学思考。

三、记者调查类节目形态

1. 调查类节目形态的概念

调查类节目是指记者对某一社会生活领域、某一地区的一些社会现象、社会问题、社会事件等,通过电视技术收集有关现场事件的音像信息资料,然后对这些音像资料进行分析、编辑加工制作而成的电视节目,通过观众收视,借以描述和阐述所了解到的实施状况与问题,预测其发展变化趋向或提出针对性的建议。

"什么才是真正的调查报道呢? 普利策奖获得者、《新闻日报》记者鲍伯·格林(Bob Grean)给调查报道下了这样的定义:'调查报道是对某人或某集团力图保密的问题的报道。'但他紧接着又加上一句:'报道的事实必须是你自己发

---

① 徐舫州、徐帆:《电视节目类型学》,浙江大学出版社 2006 年版,第 155 页。

掘出来的。'"①调查的事件是客观存在的,这个事件既可以是善的,也可以是恶的;既可以是人为掩盖、人为歪曲的,也可以是由于客观的原因而没有被传播的。电视的调查就是要把这些观众不知道的重大事件展示出来。

2. 在电视人认识世界的框架中理解调查类节目形态

如果把电视节目看作电视人对现实世界的认识成果,那么现场事件就是现实世界的缩影,电视人通过对现场事件的认识与思考来表达他们对现实世界的认识。依照这样的观念,消息类节目、调查类节目、纪录片就是电视人对现场事件的三个不同层次的认识。消息类节目是电视人对自然现场事件的就事论事的微观认识;纪录片是电视人对自然现场事件的宏观的哲学思考;调查类电视新闻节目处于这两类节目形态之间,属于对自然现场事件的"中观"认识。

消息是"以最直接、最简练的方式报道新闻事实的一种新闻文体,是最经常、最大量运用的报道体裁"②。这是一般新闻学书籍里关于消息的概念。对于消息类电视新闻,它实际上是指狭义的电视新闻:篇幅短小紧凑,时效快捷及时,内容客观、真实、鲜活,表现直观简要。中央电视台的《新闻联播》就是典型的以消息类新闻节目为集合的栏目。消息类电视新闻就是用最短的时间展示一个现场事件。而对现场事件的选择、新闻篇幅的长短,实际上已经体现了电视人对该现场事件的认识,只不过消息类电视新闻是电视人针对某一具体现场事件就事论事的微观认识。

调查类电视新闻节目则是就某一新闻事件或观众关心的问题进行专题调查研究的报道,它不仅像消息那样反映一个事实,而且要对事件的前因后果、历史渊源进行分析,对其矛盾演变、是非对错进行剖析,对其社会影响、发展趋势进行预测。所以说,如果消息是电视人对某具体现场事件的微观认识,纪录片是电视人对现场事件的哲学思考,属于对现场事件的宏观认识范畴;那么调查类电视新闻节目就是电视人对现场事件前后左右、上上下下的调查分析,属于对现场事件的"中观"认识范畴。

比如,某一起交通事故的自然现场事件,消息报道很简单,记者一方面拍摄事故现场的画面,另一方面采访当事人或者目击者,请他们描述当时看到的情

---

① 〔美〕特德·怀特、埃德里安·墨本、史蒂夫·扬格:《广播电视新闻报道写作与制作》,温国华、于恒申译,中国广播电视出版社1987年版,第294页。
② 甘惜分:《新闻学大词典》,河南人民出版社1993年版。

况,有条件的话还可以采访交警,让他介绍交通事故发生的原因。但如果有人举报这起交通事故是有意骗取保险费的故意行为,这样的现场事件仅仅做一则消息就不够了,只做消息是对自然现场事件资源的浪费;反过来,如果记者经过有关调查获得了相关证据,证明确有其事,那么这就是一篇优秀的调查报道了。从消息类电视新闻到调查类电视新闻再到纪录片,实际上展示了电视人认识世界的一条轨迹。

消息类新闻是把客观自然现场事件以最简捷、真实的方式记录下来的节目。这是电视人认识和反映客观世界的起点,也是相对简单的对客观自然现场事件的一个认识过程。

随着电视人认识的不断发展,他们不再满足于只有记录而没有分析的工作,于是便出现了电视人对现场事件进行调查分析的节目。这些调查类电视节目里就增加了电视人深入自然现场事件的身影和电视人对自然现场事件的态度、看法。特别是有关舆论监督的调查类新闻节目,电视人对社会的影响力让观众感到震撼。如中央电视台《焦点访谈》中的许多调查类节目,记者就像战场上的勇士,由于他们的采访报道,多少陈案、积案、疑案、难案受到有关部门的重视并得以解决。电视人在节目中的重要作用在这个调查类新闻节目里体现得淋漓尽致。

从某种角度看,纪录片又返回了像消息一样只注重真实地记录现场事件这个原则出发点,所不同的是把简洁的报道变成了长篇大论,摄像机随着时间的一维线性流动而记录的自然事件的发展有时甚至让观众感觉有些拖沓。在纪录片的节目中电视人尽量减少对现场事件的观点、看法,像消息一样,现场事件本身的表现与观众自己的感受和体验再次被放到第一位。从消息到调查类节目,再到纪录片,从电视人认识现场事件的角度看,这可以说经历了一个否定之否定的过程。

调查类电视新闻、消息类电视新闻、纪录片都属于由电视人 A 和现场事件 C 这两个元素决定的电视节目形态,即 AC 节目形态。它们对应的都是客观真实的自然现场事件,都属于 AC1 节目形态。这里,A 是电视人,C1 是现实生活的自然现场事件。

3.调查类节目案例分析

2003 年《焦点访谈》播出的一期调查节目《追踪矿难瞒报真相》,就是一个典型的调查类新闻节目。2002年12月2日,山西临汾某煤矿发生一起严重的瓦斯爆炸事故,炸死炸伤30多人,当地有关部门掩盖事实真相,瞒报死亡人数,报告死亡人数只有8人。许多观众向《焦点访谈》栏目反映当地隐瞒事实真相的情况。

按照以上分析,我们可以从电视人认识世界的层次上把握节目形态,即从电视人对这起事故的认识的三个层次来看这个事件。对应于这个自然现场事件,可以用三种节目形态去反映,如图8-4:

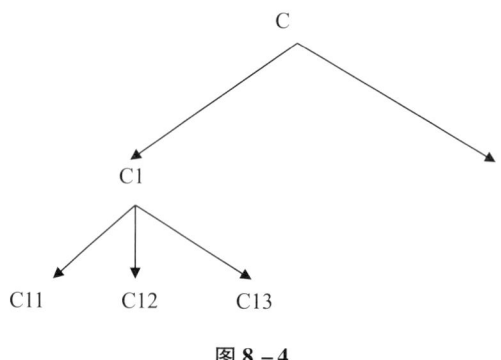

图 8-4

第一,消息类电视新闻AC11。这则电视新闻可以这样报道:2002年12月2日上午,山西临汾尧都区阳泉沟煤矿发生一起严重的瓦斯爆炸事故,事故发生后当地政府高度重视,主要领导亲临现场指挥抢救。具体死亡人数和事故原因正在调查之中。画面是领导在现场工作,观众只能看到矿井的一个外部场面。

第二,纪录片节目AC12。这部对矿工的生存环境、矿工的生活进行真实记录的纪录片,反映当今社会最底层的矿工的生存状况。

第三,调查类新闻节目AC13。这个调查类新闻节目应该包括以下几个方面:

(1)调查内容

就这期节目而言,记者调查的内容就是这次矿难中真实的矿工死亡人数和在这人命关天的事件背后的那个不可告人的目的,把这个被一些人掩盖和歪曲了的事实公布于世。让观众知道其真相是电视人的使命和责任。

(2)电视人独立侦破案件的角色

前面说过,与消息、纪录片相比较,调查类新闻节目更多地显示了电视人在节目中的存在。《追踪矿难瞒报真相》所调查的事件的真实性被人为地歪曲,记者的调查被人为地设置阻碍,这给揭示事件真相、恢复事件原貌的采访增加了很大的难度。由于时过境迁,矿井被封闭,死亡的当事人早已入土而且分散在全国各地,可谓死无对证;其他矿工也被遣返回家,无踪无影。事件本身的难度就是福尔摩斯再世也会感到棘手。所以,该调查充分显示了记者个人的水平,《追踪矿难瞒报真相》创造了"《焦点访谈》历史上最有深度的调查"①。

记者科学的逻辑思维方法是这期节目成功的关键,他像一位正在做一项科学实验的科学家,也像一位正在侦破特大案件的公安人员,运用证伪方法:只要证明官方出具的"死亡名单"以外还有人在此次矿难中身亡,就可以证明官方的"死亡名单"的虚假。记者两次深入矿区调查,获得了重要发现:

第一,破旧工棚的杂物里的一个重要物证:身份证。身份证作为一个人的象征、表征、代码,其重要性不言而喻,人们一般随身携带。连身份证都不要的人,极有可能已经死亡,而这个名字却不在公布的名单上,这个人很可能就是被瞒报的死亡矿工之一。通过仔细分析,记者通过身份证上的名字寻找到河南省上蔡县,结果证实了三个不在官方公布的死亡名单中的死难者姓名。

第二,矿工床下一本破烂的通讯录。通讯录是一个现代人的生活联络图,特别是一个出门在外的人更离不开它,丢弃通讯录的人也极有可能已经死亡,而通讯录主人的名字也不在公布的名单上。此人是什么地方的人?记者借助通讯录里的一些电话号码,通过与有关人员电话联系,最后找到了死者父母。

第三,路人说的几个死难矿工的名字不在官方公布的死亡名单上。记者通过调查得到三条线索,行经三个省,历时半个多月多方取证调查,共查到6名死于这起事故却不在名单上的矿工。(节目播出后,有关部门对此事高度重视,后来的调查表明,实际死亡至少31人。)

(3)电视人对现场事件的认识

按照前面所说,调查类节目重在表现电视人对现场事件上上下下、前前后后的认识,它不是就事论事的微观认识,也不是宏观的哲学认识,它是对这个现场事件背后深刻的社会背景、社会问题的思考。这期节目的价值就在于矿难死亡人数到底是8名还是31名,更在于瞒报事件及其背后隐藏的深刻社会问题:

是谁策划了这起瞒报事件?

---

① 孙玉胜:《十年——从改变语态开始》,生活·读书·新知三联书店2004年版,第93页。

为什么层层监督、管理部门视而不见？

为什么一份漏洞百出的死亡名单有关职能部门却无人怀疑？

这一个又一个深藏于观众心中的问题被记者引导着进入深思的层面，记者对社会的认识水平充分体现在了对节目现场事件的表现上。

四、电视评论节目

"评论者、评论集体或电视机构对当前具有普遍意义的事件、问题或社会现象表示的意见和态度。"①这是比较典型的关于电视评论节目的定义。但如同其他节目形态的定义一样，它遭到了人们的追问与反思，并出现了许多难以回答的尴尬问题。

反对"评论节目是一种独立的节目形态"的观点主要有以下两种：

第一，评论是节目内容。孙玉胜著《十年——从改变语态开始》对"评论是节目形态"的观点持反对态度，他认为评论"主要体现对事实、事件和现象的观念与态度，这种观念与态度可以体现在消息报道中的记者、播音员和主持人的言语中，可以体现在调查类报道的事实展示过程中，也可以体现在专题报道的主持人提问和专家分析中……总之，评论应该是一种内容，而不该是一种形态。"②对"述评类节目是评论节目形态"的观点，他也持反对态度："全国大大小小的'焦点访谈'是正宗的评论节目吗？评论节目如果是一种节目形态，为什么国外电视节目中见不到'评论节目'这个概念？像《焦点访谈》《新闻调查》这样的节目形态在国外一些著名的电视机构中不难找到同类，然而却很少有将这类节目统称为'评论节目'的。也就是说，在节目形态上我们与国际电视新闻节目是相通的，但在概念上却相去甚远。"③

第二，述评类评论是深度报道。上海电视台的刘敬东认为国内许多电视台的述评类评论（节目）"真正的评论在节目里的比重越来越小，甚至微乎其微，更多的只是首尾的'点睛'。节目形态其实更接近，甚至就是深度报道"。④ 持这

---

① 杨伟光主编：《电视新闻分类与界定》，中国广播电视出版社1994年版，第22页。
② 孙玉胜：《十年——从改变语态开始》，生活·读书·新知三联书店2004年版，第490页。
③ 同上，第485页。
④ 刘敬东：《电视新闻评论，还在路上》，《现代传播》2002年第3期。

种观点的学者为数不少,他们认为"电视述评本身属于深度报道"①。

1. 对电视评论节目形态存在性的怀疑

之所以难以对电视评论节目进行界定,有两个原因:一是评论概念,它是一个从报刊媒体引进的概念,在引进的过程以及引进后的"消化吸收"中一直处于"水土不服"的状态。二是评论节目与其他节目形态的界线较难划分清楚。

许多电视实践工作者与理论研究者根据电视的自我特点怀疑电视评论节目形态的存在性。中国广播电视在机构设置及其运作方式上深受报纸的影响,"如报社有理论部,广播电台也有理论部;报社有评论部,电台电视台也以葫芦画瓢地设置评论部……"②有了评论部自然就有了评论节目,所以,我们的电视评论节目实际上就是模仿报纸的评论生产的,而且评论的定义也是按报刊的体裁来的。在旧版的《辞海》中,评论的定义是,评论是报刊言论的总称;它及时分析社会生活中的重要问题,直接阐明报刊编辑部的观点和主张,是报刊议论的一种体裁。

中央电视台创办于1958年,但其第一个评论栏目却是22年后的1980年创办的《观察与思考》。之前,许多人认为电视没有必要做评论。他们认为中央电视台在新闻节目中播发自己的评论大可不必,这些话可以让报纸、杂志去讲。

2. 评论节目与其他节目形态的关系

(1)评论与新闻节目

第一,评论与新闻作为同一层次的节目形态的观点。《中国广播电视学》把"言论"与"评论"视为同一个概念,即关于政治和一般公共事务的议论,并将评论节目与新闻、社教、文艺、服务节目视为同一个层次。"新闻性节目主要由两大部分内容组成:一是新闻、一是评论。新闻是对事实的报道,它的生命在于真实;而评论则是对事实的评价,它的力量在于正确。"③

第二,评论作为新闻节目形态的下一个层次的节目形态的观点。《中国应用电视学》把电视评论作为言论类电视新闻的下一个层次,而言论类电视新闻

---

① 祝政主编:《当代电视求索》,中国广播电视出版社1999年版,第93页。
② 孙玉胜:《十年——从改变语态开始》,生活·读书·新知三联书店2004年版,第487页。
③ 阎玉主编:《中国广播电视学》,中国广播电视出版社1990年版,第173页。

则是电视新闻的下一个层次。①

不管评论与新闻是同一个层次的节目形态还是下一个层次的节目形态,有一点是可以确定的,那就是评论也属于自然现场事件的节目形态。对第一种观点来说,尽管评论与新闻平行,但两者针对的对象、基础是一样的,都是自然现场事件。对第二种观点来说,评论属于新闻范畴,而新闻又属于自然现场节目形态。

(2)评论与谈话节目

从评论的内容角度看,评论的话题属于时事政治的谈话节目。

"新闻评论是当代各种新闻媒介普遍运用的、面向大众的政论性新闻体裁。"②关于政论性,王振业、李舒认为有三个方面的含义:"(1)对特定对象明确阐述看法;(2)以说理为主;(3)着重从思想、政治或伦理的角度分析论述有关问题。"③

在《中国应用电视学》中,作者把电视评论作为言论类电视新闻的下一个层次的节目形态,而从概念上讲,言论就是关于政治和一般公共事务的议论。

所以,从评论的政论性特点可以得出,评论是谈话节目中那些话题内容偏重政论性的,着重从思想、政治或伦理道德的角度分析、论述有关问题的节目。如果按照内容来区分节目形态,则此类节目为我们经常听说的法律节目、农业节目、经济节目、体育节目、医疗节目。如果将评论放在这个链条上来界定,评论应该是政治节目。为什么我们有经济节目、法律节目等,却一直没有所谓的政治节目?这或许与"政治"这个词在中国的特殊性有关,人们回避政治,认为政治是一个说不清道不明的词,不愿与政治纠缠在一起。

评论属于以声音信号为主要元素的节目。"广播电视评论是通过有声语言表达的,是诉诸受众听觉的(电视评论也是主要供观众听的,即使配图像,也是辅助手段)。"④从传播和接收符号上看,谈话节目最容易表达电视人的观点、意见、看法,最能充分发挥语言的艺术表现手段,突出语言的深邃和游刃有余的尺

---

① 中国应用电视学编辑委员会、北京广播学院电视系学术委员会编:《中国应用电视学》,北京师范大学出版社1993年版,第190页。
② 王振业、李舒:《新闻评论与电子媒介》,中国广播电视出版社2004年版,第3页。
③ 同上,第10页。
④ 阎玉主编:《中国广播电视学》,中国广播电视出版社1990年版,第180页。

度空间。可以说,谈话节目正好克服了电视画面不易直接表达观点和态度的不足。①

从评论节目的分类来看,大部分评论节目可归于谈话节目。

《中国广播电视学》列举了广播电视评论的八种样式:报章体评论、谈话体评论、口头评论、对谈评论、主持人评论、音像评论、系列评论、受众评论、评论性节目。我们稍做分析便可以看出,它所说的评论实际上是两大类节目形态。

第一类谈话类节目包括报章体评论、谈话体评论、对谈评论。

报章体评论,就是从报纸评论移植过来的,其文稿的写作方法与报纸差不多。这种播音员播读文字稿的节目,显然就是现在所说的电视读报类节目形态,这种节目应归于谈话类节目形态中的主持人读报节目。谈话体评论,这种节目的文稿写法注重口语化表达,播音员读起来更接近于谈话,比较亲切、自然。尽管这只是一个语态的改变,但我们更加明确这类评论就是谈话类节目形态。对谈评论就是几个人在一起对谈、讨论。

第二类谈话节目是音像节目与谈话节目的结合,包括口头评论、主诗人评论、音响评论。

口头评论,就是没有现成文字稿的评论,记者在新闻事件发生的现场夹叙夹议,边叙边评;音像评论,节目里不仅有电视人的评论,同时还加入音响、图像。

主持人评论、受众评论、系列评论等评论性节目则是相对模糊的概念,既可以是谈话节目,也可以是音像与谈话相结合的节目。

这两类评论节目实际上是一类评论节目,其发展过程有两个阶段:最早的电视评论就是播音员读报纸的评论、社论,或者读本台记者写的评论,这样的评论没有画面支撑评论的观点。当然,国庆社论、元旦社论、新年社论这样的评论也不宜配画面。发展到后来,产生了照片配播音员的评论,最后发展到电视录像节目播完之后,播音员做简短评论。现在所谓的结合了述评的评论,实际上是将电视录像节目播完后由播音员做简短评论的格式进行重复叠加,如下:

$$S1 \rightarrow P1 \rightarrow S2 \rightarrow P2 \rightarrow S3 \rightarrow P3 \rightarrow P$$

S1 表示一段节目录像,P1 表示播音员或主持人对这段录像对应的现场事

---

① 阎玉主编:《中国广播电视学》,中国广播电视出版社1990年版,第98页。

件的评论;S3 表示第三段节目录像,P3 表示播音员或主持人对第三段录像对应的现场事件的评论。P 表示主持人最后对整档节目所反映的现场事件的评论,尽管有时主持人说得很简短,如"这样能不让我们忧虑、三思吗?"但也是一种有态度的结尾。

音像与谈话相结合的这类述评节目是以现场事件为主要内容的节目,电视人的评论部分越少越好,所以电视人在节目中的谈话部分要少至与谈话节目明显区别的地步。

(3)评论与纪录片

评论与纪录片的区分本来是比较明显的。我们这里之所以专门加以论述,有两个原因:一是在评论节目的历史发展过程中曾经出现过关于两者关系的争论。1992 年 11 月与 1993 年 4 月、11 月,中央电视台分别在北京、浙江舟山和湖北宜昌举行了三次电视专题节目分类与界定研讨活动,一些学者把述评类评论节目归于专题节目,而当时业界普遍认为专题节目与纪录片是同一种节目形态。从节目形态在我国产生的时间来看,专题片早于纪录片,那时将许多不同类型的节目形态都归于专题节目,如人物类专题片、风光类专题片。最说不清楚的还是述评类节目与文献资料专题片之间的区别。学者认为述评节目与专题片、纪录片的"界限越来越不清楚",它们只不过是"用两种标准衡量一种事物而得出的两个称谓"①。

二是按照节目形态三元结构理论,本书认为纪录片是电视人对自然现场事件的哲学思考,这些自然现场事件涉及人类的生活、生存问题,个体生命的生死问题,群体文明的延续与消亡问题(也即历史),人生的婚姻、爱情问题,人与自然的关系问题,生命的终极价值、终极意义问题。本书同时认为,评论是电视人站在国家意识形态所规范和倡导的社会价值基础上,以维护社会公共利益,代表公众舆论对自然现场事件所进行的理性观察、思考、批判。纪录片追求的是自然现场事件的文化价值、人文价值;评论追求的是意识形态的社会价值。可以说两者的区别在于电视人对现场事件思考评判的角度不同、层次不同。当然它们的区别还有很多,如纪录片与时效性无关,而评论则追求实效性。

3. 节目形态三元结构理论下的评论观

通过上面的论述,我们可以总结出评论节目的几个特性:一是通过评论与

---

① 高鑫、周文:《电视专题》,中国广播电视出版社 1997 年版,第 3-8 页。

新闻的比较,明确评论属于非设计现场事件的节目;二是通过评论与纪录片的比较,明确评论属于电视人站在国家意识形态所规范和倡导的社会价值基础上,对自然现场事件进行理性的观察、思考、批判的节目。它从评论的政论性特点出发,着重从思想、政治或伦理道德的角度分析、论述有关问题,追求的是一种意识形态的社会价值。

形态结构理论下的各种评论节目三元素关系如表8-3:

表8-2　三元结构理论下的评论节目

电视人(观点)	现场事件(展现)	节目形态
主要运用语言,用报刊一样的观点进行评论	无	本台评论
语言与照片事实相结合,用报刊一样的观点进行评论	照片	照片评论
对录像中的现场事件进行评论	录像	编后语
结合分节评论现场事件(图表8-7)	多节录像	述评

电视评论在电视节目形态体系中是否具有独立存在性,笔者对此持怀疑的态度。评论作为报纸的体裁,借用到电视节目中,确实存在"水土不服"的现象,我们很少认为电视评论节目有一个"电视性"的"本土化"过程。否则,以三元结构理论去分析,该节目形态中的现场事件仅仅是一个谈话节目,而电视评论节目则属于谈话节目形态。

第二节　设计现场事件类节目形态

一、设计现场事件类节目形态的基本类型

按照节目形态三元结构理论,影响节目形态的三元素是电视人、电视技术、现场事件。设计现场事件对节目形态的影响,从自变量的角度看有三种情形(表8-4):一是只有设计现场事件这个变量;二是有设计现场事件与电视人两个变量;三是设计现场事件、电视人、电视技术均为变量。为了便于研究,我们先从最简单的情形开始,只在现场事件一个变量的情况下,假定三元素中的另外两个元素电视人、电视技术不变化。这一类型也具有典型性,另外两个类型的研究可以在此基础上进行补充。

表 8-3

设计类现场事件	电视人	技术	节目形态
突出语言的交流	主持人叙述		谈话节目
选择人物、设计环境、规则			真人秀
智力、知识的竞赛			益智节目
设计表演内容			服务节目
设计表演内容			电视晚会
设计虚拟演播室		虚拟技术	虚拟演播室
		卫星通信	直播节目

1. 设计现场事件类节目形态结构

C 代表现场事件，C1 是自然现场事件，C2 是电视人设计的现场事件。不同的分类标准产生不同的设计现场事件和相应的节目形态：

按照《媒介事件》①中的观点，设计现场事件可以分为："竞赛""征服"和"加冕"三大类。

按照不同的设计目标，设计现场事件可以分为：竞赛类设计现场事件 C21、角色交换类设计现场事件 C22、窥探隐私类设计现场事件 C23 等。每个设计现场事件还可以进行下一层次分类，如竞赛类现场事件 C21，按照选手竞赛项目的不同分为：智力竞赛类设计现场事件 C211、唱歌竞赛类设计现场事件 C212、舞蹈竞赛类设计现场事件 C213、武术竞赛类设计现场事件 C214、体力竞赛类设计现场事件 C215……如图 8-5 所示。

以上两种方法是把现场事件当作独立的元素，按照现场事件的不同来区分节目形态。下面我们可以采用另外一种方法，深入到现场事件的内部进行分割，即从现场事件的内部结构来观察、分析设计现场事件的元素。

设计现场事件主要包括两个元素：一是事件的主体，即现场事件的人物；二是人物的生活（包括生活、生存的规则、环境等）。只要这两个元素中有一个是设计的，节目形态就属于设计类。这样，设计现场事件就有三个类型：设计的人物、真实的生活；设计的生活、真实的人物角色；设计的人物、设计的生活，如表 8-4 所示。

---

① 〔美〕丹尼尔·戴扬、伊莱休·卡茨：《媒介事件》，麻争旗译，北京广播学院出版社 2000 年版，第 30 页。

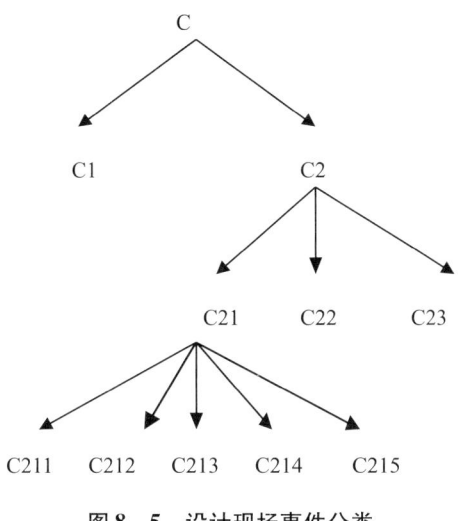

图 8-5 设计现场事件分类

表 8-4 设计现场事件类型

	真实的生活	设计的生活
真实的人物角色		设计的生活 真实的人物角色
设计的人物角色	设计的人物角色 真实的生活	设计的人物角色 设计的生活

表 8-4 横向为真实生活与设计生活,纵向为真实人物与设计人物,纵横相交出现了四种节目形态,其中空白格中为真实的人物角色、真实的生活,这实际上是自然现场事件节目形态。

(1)关于设计的人物的概念的解释

所谓设计的人物角色,是指该人物在观众面前所代表的角色是被设计假定的。一个人总是存在一个与自己的名字、社会关系、社会地位所对应的社会角色,当一个人以自己的真实角色去生存、生活时,表现出来的就是真实的他;当他代表另外一个角色去表演、生存、生活时,他就是一个设计出来的人物。

设计的人物角色还包括人物扮演者根本就不是真人这样一种类型,比如电视里的木偶、卡通,它们干脆就是一个符号,电视人用这些符号来表示特定的人物。

(2)关于设计的生活的概念的解释

在电视人设计的一个特定的时间、空间的现场事件里,可以是完全设计的,也可以是部分设计的;可以是在关键环节上设计的,也可以是在无关紧要的环节上设计的。

比如,一个人在戏曲或电影里扮演一位历史人物或虚构人物,他所表演的就是一个设定的、假设的人物角色,这个舞台人物不是他自己,他是以一个设计好的角色在舞台上"生活"的。梅兰芳在舞台上扮演虞姬,但不是虞姬,舞台上的虞姬是梅兰芳表演的被设计的一个角色。同样,舞台上的事件也是设计的事件。所以,戏曲、电影、电视剧便是设计的人物角色、设计的生活的设计现场事件节目形态。

《变形记》是湖南卫视的一个栏目,其中有一期节目是两个家庭"互换"儿子。一个是家境富有的城市孩子,一个是山村贫穷家庭的孩子,两个孩子到对方家里生活一周,充当对方家里的孩子。这里人物的角色是设计的,生活环境是真的。这便是一个设计的人物、真实的生活的设计现场事件节目形态。

《幸存者》的人物角色是真实的,你与对方的竞争是两个真实身份的竞争,但生存、生活的环境是设计的(环境的选择、生存的物质条件、生活的规则都不是你自己可以确定的)。这便是一个设计的生活、真实的人物的设计现场事件节目形态。

二、设计现场事件中的有关元素

1. 电视人对参赛者的选择

第一步,征集志愿者,通过媒体做广告,吸引大量的报名者。第二步,精挑细选确定参与人员,选择具有代表性的典型人物(《幸存者Ⅰ》的16名选手中,男女性别各占一半,年龄、职业各不相同,有两名黑人、一名男同性恋者、一名未婚妈妈、一名虔诚的信教徒、一名退役海军军官)。所选人物符合几个条件:表现欲强,也敢于表现、善于表现、富有"戏剧性";有观众缘、形象较好、有个人魅力;符合电视人设计现场事件的其他规则要求。

2. 电视人场景和生存、生活环境的选择

电视人对生存、生活环境的选择和设置,目的是为了突出人与自然的矛盾。《幸存者Ⅰ》选择的是群蛇出没的南太平洋小岛,《幸存者Ⅱ》选择的是食人鳄群居的澳洲农场。这些场景对选手本身就极富挑战性,并为以后的节目增添了许多刺激性。

3. 电视人的设计规则

设计现场事件的规则包括两个方面：

(1) 比赛胜负的规则

决定胜负的规则基本上有以下三个类型：

淘汰赛1：一对一的比赛，由评委、观众共同来决定优胜者。湖南卫视的《超级女声》节目就是用这样的比赛规则。

淘汰赛2：集体对集体的比赛，胜利者可以获得奖励和淘汰豁免权，失败者则要从队伍中按照少数服从多数的投票方式来决定挑选一名成员并决定其是否出局。这一环节是非理性的、感性的、综合因素的应用：涉及选手的人缘、心计。《最弱一环》采用集体作战方式，选手既要有战斗能力，还要有团结协作的好德行、好人缘。咄咄逼人者会被"枪打出头鸟"，畏畏缩缩者又总是影响集体的力量，于是钩心斗角成为游戏的一个重要环节。

淘汰赛3：自己与自己的较量，赌博类型的选择、下注的多少、利弊权衡、放弃还是继续……《百万富翁》的规则是每5道题为1组，共3组15道题，选手的奖金随着答案的对错而不断升跌，在一路顺风的情况下选手可以选择停下并拿走已获得的奖金，也可以选择继续前行，但如果答错就要跌至这一关的保底奖金。是满足于当前的胜利还是再次冒险？每一次决定都是在更大的利益和更大的丧失之间做选择，是与非、收与发、成与败，就在一念之间。赌的刺激不仅参与者在体验着，观众也在分担并享受着。

(2) 设计的生存、生活、竞争规则

现实生活丰富多彩，电视人设计的现场事件取自人类社会实践的精华，如选择的典型人物、典型时空环境、精心设计的生存和生活规则，所有这些设计的目的，就是为了生产出电视人希望的、好看的、刺激的、趣味的故事情节，以吸引观众。可行的有以下几种：

①设计选手间残酷、激烈、刺激的竞争比赛内容（方式可以包括唱歌、舞蹈、武术、体力、智力等）。

②设计典型独特的日常生活（如法国有一档《36小时》节目，它首播的一期节目是司法部副部长皮埃尔加入巴黎郊区助产士的队伍为两名产妇接生，还为一名婴儿第一次洗澡。该节目中为产妇接生本就是产科医生的日常生活，但由

于接生的不仅不是医生,而且还是一位副部长,这便使得一件日常生活之事具有了典型性、独特性和可视性。

③设计关于禁忌、隐私、搞笑等事件。人们往往对个人隐私、社会禁忌等感到好奇,越是不让知道的、越是很难知道的事情,观众就越有兴趣。因此,电视人就设计一些有关的现场事件以满足观众的窥探欲,以提高节目的收视率。

(3)对制作过程的设计与控制

这个设计包括前期节目采制和后期编辑。电视人之所以设计现场事件,是希望事件充满更多的故事性、冲突性、可视性、趣味性。为了实现这个目标,电视人在设计现场事件发生、发展的进程时会刻意设置一些戏剧性的环节和竞争性的场面。这些设置的目的,电视人或者会明确地告诉参赛者,或者大家心知肚明。参赛者知道他们在这些节目中要积极表现,知道自己的表演要做成节目,要让观众看,特别是为了夺冠、为了高额的奖金,他们更是会倾尽全力。于是,参加电视人设计的现场事件的人都会积极地创造故事。这一点参赛者自始至终都会随着电视人设计的目标发展着。

电视人对播放内容的最后掌控主要表现在后期编辑上。《阁楼故事》一天24小时不间断地拍摄,但电视播放的是一集一小时,电视人把大量琐碎平淡的内容剪辑了,剩下的才是电视人想要的故事。

三、从设计现场事件看电视人的社会功能

从电视人设计现场事件来看,电视人在社会生活中的作用越来越大,他们成了社会的一个重要的、独立的组成因素,成为社会学意义上的具有特定社会功能的电视人。电视人作为独立的社会成分,随着他们的不断发展、壮大,使得人类社会越来越明显地区分成两个部分:自然态社会与媒介社会。

1. 观众是媒介社会的基础

从社会成员的组成角度看,电视人本身就是一支庞大的社会从业大军。同时,在电视人的背后还隐藏着一支更为巨大的被电视牵动的队伍,那就是电视观众,电视人只有通过观众才能实现其社会功能。从某种意义上讲,观众才是电视人成为社会重要成分的真正原因。

观众是电视人独立成为社会角色的基础,没有观众就没有电视人。一是因

为电视人生存的经济基础是建立在节目的收视率基础之上的——电视台广告收入的多少是建立在收视率高低的基础之上的。二是因为电视人对社会的影响必须通过观众花费时间和精力收看电视节目,接受其中的一些思想并转化为行动才能实现。观众把电视人传播的观点、思想、理论、学说,加以消化、吸收最后转化态度,形成舆论,产生行动,影响社会,才能使电视人潜在的社会力量变为现实的社会力量。

观众之于电视人就像武器之于战士一样重要,电视人要获得社会的承认就必须通过观众来实现。一般来说,电视人社会力量的大小与他所拥有的观众数量成正比,特别是与其所拥有的忠实度高的观众数量成正比。因此,观众是电视人成为社会人的重要基础。

2. 媒介社会中的电视

电视在媒介态的社会中不断地生产着"内容",丰富着这个社会。

第一,电视人的社会角色首先表现在他最基本的信息传播功能上。

电视人把真实的现场事件用电视节目这样一个文本符号体系表示出来,传播给大众,达到信息共享之目的。同时,电视人在传播信息的时候,在社会上引发一系列派生的其他事件,这些事件又直接被填充到媒介社会中。

例如,甘肃省兰州市有一个女孩杨丽娟,自1994年开始迷恋刘德华。这是一个家境并不宽裕的家庭,她的父亲为了让女儿能到北京、香港现场观看刘德华的演出,甚至愿意卖掉自己的肾来解决盘缠问题。这是一个真实的事件,即杨丽娟迷恋刘德华客观存在,但由于媒介的参与,特别是电视台的参与,他们跟踪拍摄父女俩的追星生活,甚至帮助他们寻找赞助单位,不断推波助澜,不断曝光,结果新生出了许多媒介事件,最后出现杨的父亲到香港后跳海自杀,无辜的刘德华则被卷进这场不断派生的媒介事件中的结局。显然,没有媒介的推波助澜,许多故事就不会连续发生了。

这里我们如果用 a 表示杨丽娟迷恋刘德华这个真实事情,用 a1、a2、a3 表示因为电视媒体对事件 a 的报道,社会上增添的新媒介事件,我们就可以用下图表示这种派生的逻辑关系:

a→a1→a2→a3→

在现代社会,这样的事件还有很多。众多的媒体每天通过报道自然现场事件,派生出一个又一个媒介系列事件,形成了一个媒介态社会事件链条:

b→b1→b2→b3→

c→c1→c2→c3→

其中,a、b、c 是真实事件,a1、a2、a3……b1、b2、b3……c1、c2、c3……是媒介派生事件,这些媒介派生事件就是媒介态社会的重要组成部分。

第二,电视人直接设计现场事件及其派生事件作为媒介态社会的组成部分。

电视人直接设计现场事件,可谓无中生有,直接进入了媒介态社会中。同时,由于这些设计的事件在社会上的传播,又引发了一系列新的事件,这些事件再次涌进媒介态社会。2004 年 2 月,湖南卫视首次推出《超级女声》这档节目,其很快便成为少女们追逐的活动,当年就有 6 万人报名参加,2005 年又引来 15 万人报名参加。《超级女声》给湖南卫视带来的直接经济利益更是一连串惊人的数字:2005 年冠名赞助收入 2000 万元、广告收入约 1800 万元(实际广告收入约 3000 万元,扣除广告代理商的 40%,即 1200 万元)、短信收入 3000 万元,总计约 6800 万元。此档节目还派生出许多相关产业:2005 年 9 月 1 日,《超级女声终极 PK》唱片在全国上架;10 月 1 日"超女"全国巡演在成都开场,历时两个月,巡演 10 场,场场火爆;"超女"旗舰服装店开业;冠军李宇春身价倍增,以 150 万元的身价出任某品牌的"广告代言人"……粗略估算,基于围绕 2005 年《超级女声》形成的产业链中各环节的直接参与者所获直接经济回报累计超过 7.6 亿元,对社会的总贡献至少达几十亿元。① 这一串串数字,背后隐藏了一个又一个故事,而这些故事就是一个又一个媒介事件。《超级女声》的媒介活动一时间为我国的社会生活填充了许多丰富内容。

3. 设计的真实

在媒介态的社会中,许多客观事件是被媒介人设计出来的,也就是说许多真实事件是被设计出来的,电视人设计的"真实"在媒介态的社会中随处可见。

(1)商品化的真实

观众观看电视节目的诉求很多,但对真实的追求是观众最初也永不懈怠的出发点,今天的真实已经不是过去意义上的真实,这些真实是经过电视人精心设计,通过模仿人与人、人与社会、人与自然的矛盾冲突,再按照市场的要求把

---

① 参见段东、邓斌:《〈超级女声〉产业运作详解》,《青年记者》2006 年第 6 期。

真实商品化的结果。它们的真实,如同市场里的新鲜水果一样,是商品,有成本、价格,电视人舍弃了与真实毫不相干或关联不紧的皮毛,舍弃了许多与真实无关紧要的细枝末节,把真实的成本降低到最低,观众(顾客)只想要花费最少的时间,获得最大的收获,得到最大的刺激、最多的娱乐,获得最新、最重要的信息,甚至还要获得金钱和物质。

(2)精心设计的真实

观众观看节目还追求趣味、刺激、新鲜感。现实的真实不一定比所设计的显得更真实、更好看。当真实是被设计出来的,当真实反映的是实验状态下人类社会的存在,一种纯粹条件下的生存关系时,此时的真实便是人类智慧的产品。它更加突出人性的本质,更加彰显人在社会中的复杂关系和不同表现。

当设计的真实充斥这个社会的时候,当这些设计的真实与现实"赤裸裸"的真实相比较的时候,我们发现许多现实的真实有点索然无味。有些真实的节目是对观众人、财、物、时间、空间等生活资源的极大浪费,特别是许多现实的真实被虚伪、虚假糖衣包裹得密不透风、装饰得优雅大方时,已经失去了鲜活的生命,失去了对观众的吸引力。

(3)良好的媒介社会

今天的社会是一个充分利用媒介的社会,不管是政府还是个人或组织,大家都在最大限度地利用媒介,特别是电视媒介。可以说,一个井然有序的媒介态的社会越来越趋于完善。

2007年春节期间温家宝总理在会见30名外国专家时发表讲话:第一,感谢外国专家对中国的支持;第二,欢迎更多的外国专家来中国,特别是一些紧缺专业的专家;第三,祝外国专家在中国生活、工作愉快。这则新闻实际上是我国政府策划推出的一次活动:全国的外国专家远远超出30名,这30名仅仅是代表,就像现场观众嘉宾一样,温家宝总理虽然是面对他们讲话,但实际上他是希望通过电视代表中国政府表达对所有外国专家的感谢和祝愿。

四、设计类节目的设计边际

自然现场事件的新闻节目坚持的原则是真实地反映客观现场事件。人们评判一档节目的标准首先是看节目的现场事件是否与自然现场事件一致,然后再依照社会的法律、道德等价值标准对现场事件本身进行判断,认识事件的是与非、对与错、平常与稀奇等意义。新闻节目的意义就在于评判社会、规范社会、反映社会,它是以事件的真实及其社会价值为中心的。如"纸包子"新闻节目,我们首先评价的是这个节目所反映的现场事件的真实性,其次才是对纸包子这样的自然现场事件的社会现象的批驳,从而达到规范食品市场、打击危害人民生活的不法分子的目的。

设计现场事件的节目坚持的原则是艺术的标准。从艺术的角度来说,电视人设计现场事件的目标就是制作优秀的电视节目。从理论上讲,电视人可以随心所欲地想怎么设计就怎么设计现场事件,但实际上设计是有许多限制边际的。归纳起来,设计现场事件要注意以下三个方面:

1. 选手对设计事件中行为规则的承受能力

参加设计现场事件的选手,他们的生活、生存要遵守电视人设计的行为规则,这些规则必须在参加活动的选手所认可的道德标准、价值规范之内,如果这些规则使他们的行为超越其所固有的道德规范和价值标准,而他们又不能忍受这种超越所带来的压力,他们就会退出电视人所设计的"游戏";更有甚者,一开始就拒绝报名。

在《老大哥》的房间里到处是摄像头,他们睡觉、上厕所等几乎所有行为都暴露在光天化日之下,个人隐私要被电视人当作商品出卖。对这些规则,所有这些参加的选手都必须能够接受,不接受节目就做不成。

2. 观众对设计现场事件中人物的行为规范的承受能力

面对激烈的竞争、残酷的生存环境,参赛者为什么乐此不疲?那个鼓舞他们斗志、激发他们勇气、使他们把活动坚持下来的刺激物就是获得高额的回报。电视人不惜一切提高活动的戏剧冲突性,把奖金额或回报设计得很高,获胜者或者能得到一笔可观的收入,或者能得到价值不菲的物品,或者能得到一份高工资的工作,或者能获得一次免费旅游等。对电视人设计的高额奖金,一些观众持反对意见,他们认为这样电视台就成了名正言顺的赌场,有可能危害社会。

另外,电视人设计的选手行为规则即使选手们能够接受,不见得观众也能够接受。许多中国观众对《幸存者》中一些尔虞我诈的行为,对《阁楼故事》中一些毫无遮掩地暴露个人隐私的行为,就持反对态度。按中国观众的传统观念,这样的国外节目形态即使被引进来,原本在国外很火的节目到了我国也会无人问津。

3. 设计现场事件不是弄虚作假

电视人设计现场事件的规则对每个选手都应该是平等的,选手不能捣鬼,电视人更不能作假。在设计的现场事件中,电视人设计的内容、设计的规则,每个参与者都应该是明明白白的,哪个选手不按规则行为就要出局。同样,规则的设计者、裁判以及电视人也要光明磊落。如果电视人作弊,那他不仅是在欺骗参与者,也是在戏弄观众、玩弄观众。这是设计现场事件中电视人最危险的一条警戒线。

美国NBC有一档益智节目《二十一分》(Twenty-One),英语教授查尔斯·凡·多伦(Chales Van Doren)由于赢得了12.9万美元,成为名人,并到电视台做嘉宾主持人。然而,后来证实他是被电视台操作成为获胜者的。

"1958年,公众传闻智力竞赛节目是被'安排'的……受偏爱的参赛者在比赛前就已经被告知答案。第二年,查尔斯·凡·多伦对国会的小组委员会承认他在《二十一分》中的表现完全是被操纵的。在参赛之前他受到了制作人的偏袒并告知了答案。根据指示他被安排在那一周连续获胜,以加强节目的张力。下一周他仍被允许成为优胜者,接下来的几个月里他一直不断胜出。他告诉委员会,当他得知自己最终被允许失利时,感到很轻松。查尔斯·凡·多伦作证后,许多类似的事情被披露出来,艾森豪威尔总统指责这种安排已经'对美国人民做了可怕的事情',于是所有高赌注的智力竞赛节目都匆忙从节目单上被撤了下来。"①

该事件的发生不仅是对《二十一分》的致命打击,而且也彻底摧毁了美国的益智节目。观众对电视人信任的丧失正是因为游戏类节目中电视人的造假行为。

---

① 〔英〕大卫·麦克奎恩:《理解电视:电视节目类型的概念与变迁》,苗棣、赵长军、李黎丹译,华夏出版社2003年版,第63页。

后 记

《节目形态三元结构论》是在我的博士论文的基础上写成的。经过两年的努力,2004年我考入中国传媒大学电视与新闻传播学院,兴奋的心情似乎与当年拿到高考录取通知书一样,但那时我16岁,是学校里年龄最小的学生之一,而这次上学,全校40岁以上的博士生只有4个,我就是其中之一。

如果从功利的角度看,我读博士的心情远远比不上考大学、读硕士那么迫切了。获得博士学位对于我当时的实际情况来说并没有多大实际价值。那时我在一个省级电视台工作,自己深知晋升职位和职称与博士文凭无关(有趣的是恰恰相反,后来读博的几位同学,不论是中央电视台的还是地方电视台的,毕业后几乎都离开了电视台),我只是想寻找不同的生活环境,静下心来梳理一下自己几十年的所学所思和懵懵懂懂的生活。

跨入博士研究生的门槛后,需要完成的最重要的"硬件"就是博士论文,而论文的第一关是选题。我能够选择《节目形态三元结构研究》这个自认为可以体现自己特点的、自己喜欢的课题,必须感谢中央电视台原台长、中国电视艺术家协会原主席、我的博士研究生导师杨伟光先生,没有他老人家的大度与大智,我是不可能顺利完成这个课题的。如果换一位导师很可能不会同意我去做这个课题。读博士的3年里,我当面聆听了20世纪80年代中央电视台改革总舵手讲授他对新闻理论和实践的研究与探索。先生娓娓道来的关于《东方时空》《焦点访谈》创办过程中鲜为人知的生动故事让我如今仍然记忆犹新。

书中的三元思想可以追溯至上大学,早在那个时候就形成了。我1979年考入大学,那是一个让热爱科学的年轻人兴奋的年代,一个数学专业的大学生的目标就是以陈景润为榜样,为崇高的科学事业奋斗。同时,那也是一个知识严重匮乏、知识被敬仰和神圣化的时代。我们是带着自信徜徉在幸福的求知路上的。大学四年,我常常有新奇的思想闪出,厚厚的读书卡记载着那些奇思妙想。三元思想就是那时自己比较喜欢的一个课题,有许多创意的思想火花不断闪耀出来。

如果有人问什么是数学,我的回答是:当你的工作几乎与数学没有关系,大学毕业几十年后剩下的那些就是真正的数学。大学4年的数学学习彻底影响了我的思维,影响了我对节目形态的研究方法。如对照数学概念的准确性,审视广播电视理论中概念的随意现象;按照数学严谨的逻辑推理,探究电视节目研究的逻辑起点与演绎规律;数学的高度概括性和理论体系的完备性指引着我建立电视节目生产系统、构建节目形态研究理论体系,所有这些可能就是我所学到的数学。

我硕士研究生读的专业是科学哲学,它探究的是科学内部的客观规律,结构方法是一个重要的科学方法,我把这个思想和方法运用到了电视节目形态的研究中,从节目内部元素解析节目形态。其间培养起来的哲学素养让我不仅关心电视节目中的构图、色彩、主持人、事件等内容,而且还从认识世界的层面研究电视人的节目生产、新闻实践,这也使我的研究具有了相对独特的风格。

这个课题的研究是比较艰难的,要把零散的观点、混乱的思维逐渐梳理成一个清晰的、能自圆其说的理论体系,企图做成一篇完整的思想大餐,在完成论文的一年多时间里完全可以用几遭"死里逃生"来形容。当然,创新的过程也是愉悦的,当总结出节目生产三元素,探索它们之间的内在联系,品味整个研究体系的相对和谐、统一、完备的美的时候,那种发自内心的喜悦也是无法用语言表达的。忘却生活琐事、世俗名利的烦恼,沉浸在清清静静的身心平衡的忘我时刻,独自享受思想成果之乐也是人间最大的乐趣之一。

本研究仍然存在许多不足,一些观点是原创的,也是非常粗糙不完善的,有些甚至是错误的,还需要进一步研究,希望读者提出宝贵意见。本研究采用了一些模式化、符号化的方式,放弃了电视节目所涉及的丰富多彩的人物形象、审美特征和艺术氛围,容易给读者造成机械、僵化和生硬之感。

一个追求完美主义的人,面对任何事情总觉得自己还没有准备好,因为自己认为该书中的一些研究还有许多不尽如人意的地方,也使出版事宜一次次推迟。转眼博士毕业6年过去了,2013年4月我调入海南师范大学,重新拿起这个并没有彻底放置不理的课题,再度修改补充并出版,也算是献给海南师范大学的一份薄礼,感谢海南师范大学对本书出版的支持。

感谢曾经对我的研究以及本书的出版给予支持的各位朋友,感谢我在山西大学作为兼职硕士导师时的学生王瑛、王鑫、金明,她们的研究是在该课题的框架中对其中的两个问题做进一步的推进和发展,书中有一些她们的研究成果。感谢我原工作单位山西广播电视台的同事李学愚和现工作单位海南师范大学的同事卿志军给予我的支持与帮助。感谢母校中国传媒大学出版社的编辑对该书的编辑出版付出的辛劳。

刘宝林

2016 年 3 月 28 日

图书在版编目(CIP)数据

电视节目形态三元结构论/刘宝林著.—北京:中国传媒大学出版社,2016.9
ISBN 978-7-5657-1744-4

Ⅰ.①电… Ⅱ.①刘… Ⅲ.①电视节目—研究
Ⅳ.①G229.1

中国版本图书馆 CIP 数据核字（2016）第 154616 号

电视节目形态三元结构论
DIANSHI JIEMU XINGTAI SANYUAN JIEGOULUN

著　　者	刘宝林
策划编辑	欣　雯
责任编辑	李　明
责任印制	阳金洲
封面制作	魏　东
出版发行	中国传媒大学出版社
社　　址	北京市朝阳区定福庄东街1号　邮编:100024
电　　话	86-10-65450528　65450532　传真:65779405
网　　址	http://www.cucp.com.cn
经　　销	全国新华书店
印　　刷	北京玺诚印务有限公司
开　　本	710mm×1000mm　1/16
印　　张	12.5
版　　次	2016年9月第1版　2016年9月第1次印刷
书　　号	ISBN 978-7-5657-1744-4/G·1744　　定　价　56.00元

版权所有　　翻印必究　　印装错误　　负责调换